上海市教育科学研究院智库丛书

教育综合改革的原理与方法

基于试验区的实践

骈茂林◎著

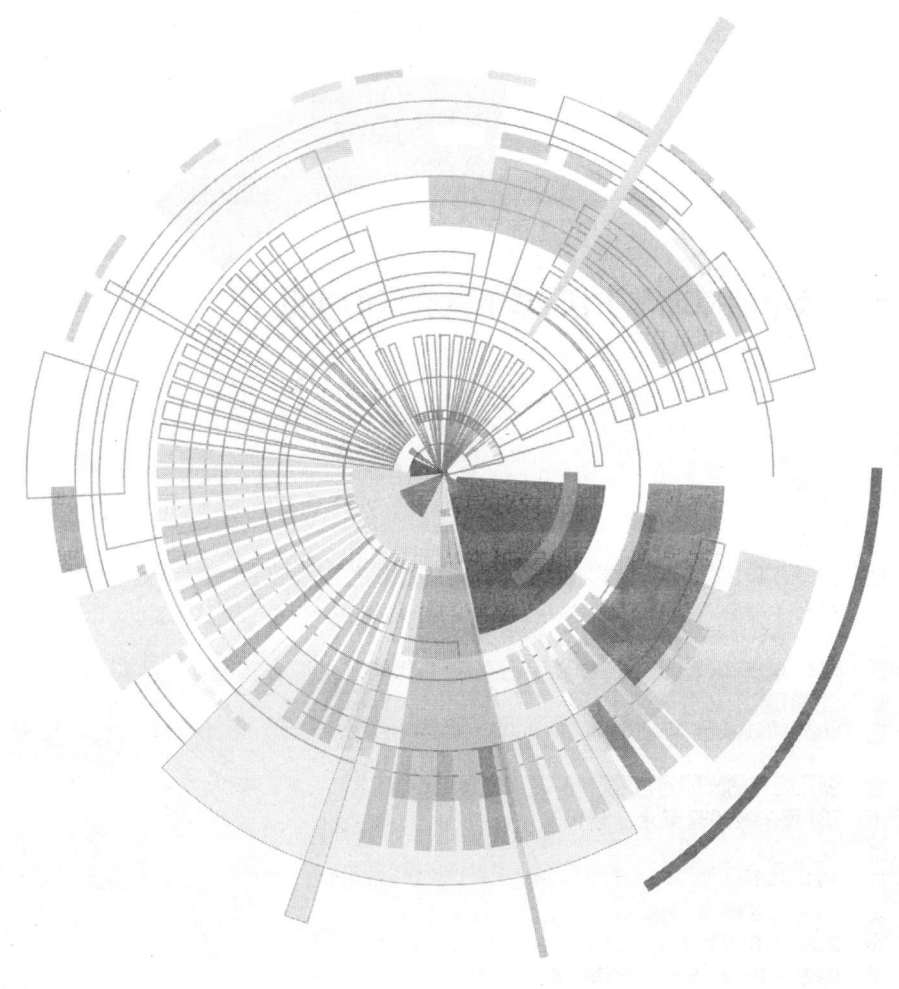

华东师范大学出版社
·上海·

图书在版编目(CIP)数据

教育综合改革的原理与方法:基于试验区的实践/骈茂林著.—上海:华东师范大学出版社,2024
(上海市教育科学研究院智库丛书)
ISBN 978-7-5760-5039-4

Ⅰ.①教… Ⅱ.①骈… Ⅲ.①教师教育-研究 Ⅳ.①G65

中国国家版本馆 CIP 数据核字(2024)第 110616 号

上海市教育科学研究院智库丛书
教育综合改革的原理与方法:基于试验区的实践

著　者　骈茂林
责任编辑　彭呈军
特约审读　洪晖健
责任校对　王　晶
装帧设计　卢晓红

出版发行　华东师范大学出版社
社　　址　上海市中山北路 3663 号　邮编 200062
网　　址　www.ecnupress.com.cn
电　　话　021-60821666　行政传真 021-62572105
客服电话　021-62865537　门市(邮购)电话 021-62869887
地　　址　上海市中山北路 3663 号华东师范大学校内先锋路口
网　　店　http://hdsdcbs.tmall.com

印 刷 者　浙江临安曙光印务有限公司
开　　本　787 毫米×1092 毫米　1/16
印　　张　12
字　　数　193 千字
版　　次　2024 年 6 月第 1 版
印　　次　2024 年 6 月第 1 次
书　　号　ISBN 978-7-5760-5039-4
定　　价　58.00 元

出 版 人　王　焰

(如发现本版图书有印订质量问题,请寄回本社客服中心调换或电话 021-62865537 联系)

总 序

教育是国之大计、党之大计。我国已建成世界上规模最大的教育体系，教育现代化发展总体水平跨入世界中上国家行列。到 2035 年建成教育强国，是党的二十大报告做出的战略部署。2023 年 5 月 29 日，习近平总书记在中共中央政治局第五次集体学习时发表重要讲话，强调："我们要建设的教育强国，是中国特色社会主义教育强国，必须以坚持党对教育事业的全面领导为根本保证，以立德树人为根本任务，以为党育人、为国育才为根本目标，以服务中华民族伟大复兴为重要使命，以教育理念、体系、制度、内容、方法、治理现代化为基本路径，以支撑引领中国式现代化为核心功能，最终是办好人民满意的教育。"

在我国加快教育现代化和建设教育强国的进程中，教育智库通过高水平的决策咨询研究、成果转化与传播为教育科学决策和精准施策提供支撑，使命光荣、责任重大。上海市教育科学研究院（简称上海市教科院）成立于 1995 年，是主要从事教育科学、人力资源开发和社会发展的专业研究和决策咨询机构，致力于打造全国领先、国际一流的教育智库。当前，上海市教科院已成为上海市重点智库，是教育经济宏观政策研究院共建单位、首批教育部哲学社会科学实验室"教育大数据与教育决策实验室"共建单位，设有博士后科研工作站。

上海市教科院坚持和加强党的全面领导，以"服务教育决策、关注教育民生、引领教育发展"为宗旨，主动对接国家战略和上海市重大需求，推进高质量科研体系建设，形成了有组织科研新局面，产生了一批高水平研究新成果，推动智库建设不断迈上新台阶。上海市教科院牵头研发了国家教育科学决策服务系统、"双一流"监测数据管理系统等，深度参与国家"双一流"建设总结，承担《中国教育现代化 2035》前期研究任务，持续完成《全国教育事业发展简明统计分析》《中国教育经费统计年鉴》《中国高等职业教育质量年度报告》《全国职业院校评估报告》,承研长三角教育现代化指标体系、海南国际教育创新岛建设实施方案、"三区三州"地区教育支持项目等。全面对接上海教育综合改革需求,集中力量开展《上海教育现代化2035》《上海市教育发展"十四五"规划》及多项专项规划、上海教育现代化监测评估、高校二维分类发展、"新优质学校"推进、PISA测试研究、上海高校思政教育课程体系建设等重大项目。

近年来,围绕教育强国建设与上海教育高质量发展,上海市教科院强化决策咨询优势,全面推进"两委"内涵建设项目,着力加快推进"教育大数据与教育决策实验室"建设,深入开展高校毕业生就业状况监测评价与就业指导服务体系研究,持续深化长三角教育现代化监测评估,扎实推进"大思政课"建设综合改革试验区工作,深化落实上海市中小学生心理关爱系统建设,全面实施上海市高水平地方高校动态监测和跟踪研究。"十四五"以来,上海市教科院的教育智库研究特色优势不断巩固,以定量分析为基础的决策咨询服务比较优势更加彰显,各类规划项目立项成绩斐然,研究成果获奖数量与层次创历史新高。

面对未来人口与学龄人口变化、新一轮科技革命和产业变革、人民群众对教育的新期待,作为教育智库,上海市教科院迫切需要深刻把握教育的政治属性、战略属性和民生属性,围绕教育、科技、人才三位一体发展要求,有效整合教育内外相关数据信息,充分利用先进技术和智能化手段,加快转变研究范式,推动教育大数据应用于教育决策研究,提升大数据在教育决策中运用的准确性和有效性。只有善于科学运用大数据进行研究分析,才能提高教育决策咨询研究成果的质量,更好地助力教育决策科学化水平提升。

"上海市教育科学研究院智库丛书"旨在围绕国家战略,聚焦教育强国建设重大问题、上海教育高质量发展热点难点问题,系统梳理政策,深入调查现状,开展基于数据的实证分析,提出对策建议以及展望未来图景,搭建智库研究成果展示传播平台,更好地服务教育决策,扩大学术影响力、社会影响力,积极构建数据驱动的教育研究范式,加快建设成为与具有世界影响力的社会主义现代化国际大都市相匹配的一流教育智库,在服务教育强国建设中作出上海的贡献。

在"上海市教育科学研究院智库丛书"即将与广大读者见面之际,在此对所有参与编写、编辑和出版的同仁表示最诚挚的感谢。你们的辛勤工作和无私奉献,让这套丛书得以顺利面世。同时,对每一位教科人和读者表达敬意,是你们的关注和支持,让教育科学研究的成果能够转化为推动社会发展的强大动力。期待丛书的出版成为桥梁和纽带,连接理论研究与实践操作,促进教育研究界与政策制定者之间的对话与合作;成为教育领域的一份宝贵财富,照亮未来前行的道路,引领我们走向更加广阔的未来。相信随着丛书的陆续推出,我们能够集聚更多的智慧,为建设教育强国贡献力量。愿教育科学研究工作者都能成为这场伟大事业的参与者和见证者,共同书写教育强国的辉煌篇章。

上海市教育科学研究院院长、研究员
教育经济宏观政策研究院常务副院长
教育部"教育大数据与教育决策实验室"主任
2024 年 6 月

目录

前言 / 1

导论　问题的提出 / 1
　　一、新的历史阶段,为什么要进行"教育综合改革"? / 1
　　二、什么是"教育综合改革",需要一种技术层面的解答 / 4
　　三、教育综合改革,需要新的研究方法 / 8
　　四、研究目的与全书布局 / 10

第一章　新一轮教育综合改革的任务与特征 / 12
　　第一节　历史回顾与新一轮教育综合改革的任务变化 / 12
　　　　一、从社会改革"边缘"走向"中心":1985年以来我国教育综合改革回顾 / 12
　　　　二、制度创新:新一轮教育综合改革的中心任务 / 16
　　第二节　新一轮教育综合改革的主要特征 / 20
　　　　一、以增进人民教育福祉、促进人的全面发展为出发点 / 20
　　　　二、重视各级政府共同分担改革成本 / 21
　　　　三、重视多方主体参与、教育系统内外联动 / 24
　　　　四、重视专业力量对改革推进的引导和支持 / 25

第二章　教育综合改革的基础理论 / 28
　　第一节　教育综合改革的涵义辨析 / 28

一、教育综合改革的主要认识与实践误区 / 28
　　二、辨析"教育综合改革"涵义的几个基本问题 / 30
　第二节　"制度创新"与地方政府的教育综合改革职责 / 37
　　一、教育综合改革中"制度创新"的基本问题 / 37
　　二、地方政府实施教育综合改革职责的有限性 / 43

第三章　教育综合改革的分析工具 / 52
　第一节　分析工具建构的理论基础 / 52
　　一、分析工具建构的主要理论 / 52
　　二、相关理论的应用价值分析 / 57
　第二节　分析工具建构的程序与方法 / 61
　　一、分析工具建构的方法 / 62
　　二、教育综合改革的要素确定 / 66
　　三、教育综合改革的阶段划分 / 69
　　四、教育综合改革分析框架的建立 / 70
　第三节　教育综合改革基本要素的拓展性分析 / 74
　　一、"改革主体"要素 / 74
　　二、"改革预期"要素 / 77
　　三、"改革方法"要素 / 79

第四章　不同改革阶段"跨部门协调"的实证研究 / 83
　第一节　改革决策阶段的"跨部门协调" / 83
　　一、改革决策阶段"跨部门协调"的多方参与 / 83
　　二、改革决策阶段"跨部门协调"的技术应用 / 85
　第二节　改革组织实施阶段的"跨部门协调" / 88
　　一、不同职能部门之间的协调 / 89
　　二、政府职能部门与微观改革主体之间的协调 / 91
　第三节　制度创新与成果推广阶段的"跨部门协调" / 96
　　一、制度创新过程中的跨部门协调 / 96

二、制度创新成果识别与推广中的跨部门协调 / 100

第五章　教育综合改革试验区的案例研究 / 104

第一节　"学前教育积分制"的实践分析 / 104
一、改革背景：公共服务提供与控制人口规模间的"两难选择" / 104
二、"学前教育积分制"改革的实践分析 / 105
三、对优化教育综合改革机制的启示 / 112

第二节　"特色普通高中创建"的实践分析 / 115
一、改革项目的背景 / 115
二、"海大附中"创建特色高中的实践分析 / 116
三、对优化教育综合改革机制的启示 / 122

第三节　"扶持非营利性民办学校"的实践分析 / 126
一、改革项目背景 / 126
二、扶持非营利性民办学校的基本实践 / 126
三、对优化教育综合改革机制的启示 / 133

第六章　教育综合改革的行动方略 / 136

第一节　组织实施教育综合改革的基础条件 / 136
一、克服"任务来源"对改革推进的影响 / 136
二、找回教育综合改革的"微观行动主体" / 137
三、把握"制度创新"的方式与时机 / 139
四、通过技术细节控制教育综合改革风险 / 140

第二节　教育综合改革实施的"关键行为" / 141
一、多方主体参与的改革目标决策行为 / 143
二、教育系统内外资源交换的协调行为 / 144
三、专业机构参与的改革支持服务行为 / 146
四、制度创新中的协调与合作行为 / 146
五、制度创新成果的识别与推广行为 / 148

第三节　教育综合改革效果的系统集成 / 151

结语：在微观实践中实现"攻坚"目标 / 156
  一、组织实施教育综合改革，应当设置"有限目标" / 156
  二、教育综合改革动力的延续，取决于"微观主体"作用充分发挥 / 157
  三、教育综合改革实现攻坚难题，有赖于形成共识性"改革预期" / 159

主要参考文献 / 161

附录1：《上海市中长期教育改革和发展规划纲要（2010—2020年）》关于教育综合改革的部署（节选） / 164
附录2：上海市承担的27项国家教育体制改革试点项目 / 167
附录3：上海市教育综合改革领导小组办公室《关于深化教育体制机制改革推进教育综合改革的实施意见》 / 169

后记 / 177

前 言

2010年以来,我国部署实施了新一轮教育综合改革。与以往应用于单一领域相比,这一轮改革涉及的教育阶段和类型更加多样、政策领域更加广泛,也被决策层和社会各界寄予更高期望。2013年11月,党的十八届三中全会将"教育综合改革"纳入"全面深化改革"总体布局。2022年10月,党的二十大报告重申了"深化教育领域综合改革"要求,提出重点领域,聚焦重点任务,相关事项的改革难度进一步加大。在这一背景下,对实施十多年来的新一轮教育综合改革进行反思回顾,具有现实意义。

实践中,教育综合改革项目难以取得预期成效,经常与改革内容缺乏清晰的边界存在一定联系,集中表现为不同改革项目的"交叠"或"嵌套"。比如,在横向上由于学业评价改革与课程教学改革、教师人事制度改革与教师专业发展改革等相关项目内容存在"交叠",推进中难以实现协同而影响了改革目标的实现;与此同时,在纵向上本轮教育综合改革同样表现出大规模教育改革普遍具有的"嵌套"特征。富兰(M. Fullan)在分析了课堂改革、学校改革、地区改革、国家改革之间的嵌套性后提出告诫,"如果我们不顾或无助于周围环境体制的改革,小范围的改革也不会持久"[1]。我国新一轮教育综合改革,不仅表现在学校改革、区域改革、国家改革间的"嵌套",还表现为它们又同时"嵌套"于更为复杂的社会改革、国家治理体系改革中,受到外部多种因素影响。与"交叠"问题大多可以采用技术方法解决不同的是,"嵌套"问题是难以仅仅依靠技术手段得到解决的。"嵌套"特征还使改革实施面临着一系列衍生性问题,需要采用更多方法加以破解。这些问题可以概括为:不同层级改革项目目标的"关系"问题,如改革问

---

[1] [加]迈克尔·富兰.教育变革的新意义(第四版)[M].武云斐,译.上海:华东师范大学出版社,2010:7.

题来自哪个层级,它们是怎么被联结起来的;不同层级改革项目实施的"次序"问题,如研究者常常探讨的"自上而下"还是"自下而上"的问题;对改革项目评价的"标准"问题,应该采取总体标准还是单项标准对某项改革的成效进行评价。上述问题,正是"教育综合改革"性质在具体实践中的反映,也只能在对教育综合改革的全面深入认识中找到答案。

由于事关一代人的成长,教育综合改革的成本、风险问题总是备受关注。《教育变革研究》杂志对创刊以来的 15 年代表性文献分析后指出,在某些领域教育改革确实有成为毫无意义"流行语"的危险[1]。在需要投入大量社会成本条件下,任何一项教育改革都需要接受是否有意义的拷问。对于在我国实施十多年的新一轮教育综合改革,在可观察成果之外,还需要检视它的另一重价值,富兰在教育改革研究中反复强调的"意义"[2]。这种检视,绝不只是对投入多少改革成本或者如何避免改革风险的关切。"意义"是所有人类活动的出发点。然而,对于"教育综合改革",追问其"意义"的特殊之处在于:对改革初始目标设定合理性的"确认";对改革如何给更大范围教育活动参与者带来改变的"确认"。这种"确认"可以让身处一线的教育实践者感受到改革与日常生活的联系,使他们对自己的行动更有信心;也可以就成果能否得到扩散提供一种经验预判,由此为更大范围的教育活动主体带来收获。教育综合改革将设立"试验区"先行开展"试点"作为一项重要策略,意味着改革试验成果的价值不仅仅表现为试验区、试验校从中受益,而是在于通过成果在更大范围内推广,使面临同样问题困扰的地区、学校和师生从中受益。因此,对教育综合改革的研究不应仅仅关注试点地区、试点校,还要关注面临同样问题困扰的地区、学校。后者,恰恰是实施新一轮教育综合改革的根本目的和价值所在。

新的历史阶段,我国教育综合改革将围绕"培养什么人、怎样培养人、为谁培养人"根本问题向纵深推进。2010 年以来部署的新一轮教育综合改革,试图回答时代发展提出的重大教育课题。但是,教育综合改革绝不应该是关于教育改革议题的"宏大叙事"。教育综合改革关系教育实践中的每一位教师、学生,同时也被他们背后的家长和

---

[1] Juan Cristobal, Garcia-Huidobro, Allison Nannemann, Chris K, Chang-Bacon & Katherine Thompson. Evolution in Educational Change: A Literature Review of the Historical Core of the Journal of Educational Change [J]. Journal of Educational Change, 2017.
[2] 本研究将借鉴这一概念,结合我国教育改革实践在相关章节做具体阐释。

社会公众高度关注。教育综合改革研究，必须确立改变所有教育活动参与者日常生活的视野，必须回到每一位校长、教师、学生的"微观世界"。在"宏大"改革议题与"原子式"的教育活动个体之间，必定存在着一种"联结"。本书的一个目的是，使宏大改革议题与微观实践中个体的现实生活的距离更近一点。富兰在《变革的力量》中解释了使用"透视教育变革"这一副标题的理由，发出了"你了解得越深，你看到的就会更不同""看起来线性的发展，走过去竟变成一片新天地"等感慨。对于当前我国正在进行的教育综合改革的研究，或许我们应该抱有同样的"信念"。对于教育综合改革的研究，我们需要一些反映这种信念的具体行动。

在必要的理论研究基础上，本书侧重于从"细微"之处着手研究。从"细微"之处着手，主要出发点在于：首先，对相关改革项目力求真实地"还原"，由此也包含着对投身其中的所有改革参与者的致敬；其次，经由这些生动鲜活的改革实践，尝试对教育综合改革的原理方法作一些梳理、归纳，提供一种不同于"教科书"方式的认识视角。在第四章、第五章，通过持续跟踪观察，结合对政策文献的分析和对一线改革实践者的访谈，呈现了上海作为国家教育综合改革试验区的多个实践案例。从对象上，沿袭已有研究传统，本书对"改革决策者"和"改革实践者"作了区分，也试图深入探究两类对象是如何被联结起来并相互影响的。在案例研究中，相对于"改革决策者"，力所能及地增加了对处于学校、基层政府等改革前沿阵地的"改革实践者"的关注。

党的二十大以来，我国对新一轮教育综合改革作了新的"谋篇布局"。地方政府和教育行政部门，既要重视对改革新项目的周密部署，更要重视对已有改革成果的总结推广，使原有的试点成果发挥更大社会效益。本研究希望为各级政府和教育行政部门总结现有教育综合改革项目进展、认定改革成果提供一些技术线索。从这个视角来看，本书中的理论研究仅仅是为认识"微观主体"的实践提供了一些辅助工具和方法。

需要说明的是，由于研究持续时间较长，有的案例最初作为改革议题的价值已经发生了变化，但并不能掩盖从这些案例中发现的改革原理和运行机制的价值。就此而言，对个案的关注，仍然希望它可以产生关切整体的效果。本研究的点滴发现能否适用于当前所有教育综合改革项目，还需要读者加以仔细鉴别。

导论 问题的提出

自2010年以来,"教育综合改革"受到了政府、学校和社会的广泛关注。引发这一变化的是,《国家中长期教育改革和发展规划纲要(2010—2020年)》(本书中简称《教育规划纲要》)对改革的总体规划以及国家教育体制改革领导小组办公室对试点项目的具体部署。在这一背景下,教育综合改革被赋予了"破除制约教育事业科学发展的体制机制障碍""解决人民群众关心的重点难点问题和突出矛盾"等重要任务和使命[1]。2013年11月,党的十八届三中全会发布《中共中央关于全面深化改革若干重大问题的决定》,将教育综合改革纳入新时代深化改革总体布局,教育综合改革在我国改革布局中担负着神圣而艰巨的使命。但是,综观2010年以来各地的改革实践,各级地方政府对"教育综合改革"在决策制定、方法选择、成效评价、成果推广等行动层面存在着不少困惑。与此同时,在认识层面各地对于"为什么要进行教育综合改革""什么是教育综合改革"等根本问题的认识仍有待深入。这些现象的存在,反映了当前仍有必要深化教育综合改革理论与应用研究。

一、新的历史阶段,为什么要进行"教育综合改革"?

在我国教育发展历史中,"综合改革"并不是一个全新概念。对于为什么要进行"教育综合改革"的追问,本质上是要认识新的历史阶段改革的驱动因素发生了哪些变化,对改革任务设定、改革方法选择产生了怎样的影响。由此开始,我国教育改革的驱动力量、重点任务、行动逻辑发生了新的变化,促成了教育综合改革再度"出场"。

---

1 焦新.以十大试点作为改革突破口:国家教育体制改革领导小组办公室负责人就教育体制改革试点有关问题答记者问[N].中国教育报,2010-12-6(1).

首先，改革动力呈现出教育内部动力与社会驱动力量共同作用的特征。

驱动力量来自外部还是内部，是关系到能否全面认识教育改革的一个根本问题。20世纪80年代我国教育领域最初提出"综合改革"命题，缘起于教育能否适应经济社会发展要求的自我估量，是教育系统的一种行为"自觉"。为了从根本上扭转教育工作不适应社会主义现代化建设需要的局面，1985年发布的《中共中央关于教育体制改革的决定》提出"必须从教育体制入手，有系统地进行改革"，其中蕴含了"综合改革"构想。围绕"初步建立起与社会主义市场经济体制和政治体制、科技体制改革相适应的教育新体制"的总体目标，1993年，中共中央、国务院发布的《中国教育改革和发展纲要》针对"改革包得过多、统得过死的体制"提出，教育体制改革"要采取综合配套、分步推进的方针"，"综合配套"的概念被明确提出。

进入21世纪，重庆、武汉城市圈、广西、成都、长株潭城市群等区域和城市实施的教育综合改革，受到国家设立综合配套改革试验区的影响。在这些地区，教育综合改革普遍被作为综合配套改革的一项重要内容，属于"外部"提出的要求。综合配套改革带给教育改革的启示是，破解新阶段教育发展存在的问题，应借助综合改革方法。受综合配套改革影响，实践者和研究者开始转变对"教育综合改革"驱动因素的认识视角，驱动综合改革的主导因素开始向外力转变。各方均能从外部、内部辩证地分析实施教育综合改革的意义，针对何为驱动改革的主导因素的认识，呈现出向立体化视角发展的趋势。

其次，改革任务呈现出"常规性改革"向"攻坚性改革"发展的趋势。

改革任务在性质上发生的变化，构成了选择"教育综合改革"的主要理由。1999年6月，第三次全国教育工作会议上，江泽民总书记向全党、全社会发出了深化教育改革的号召。《中共中央国务院关于深化教育改革全面推进素质教育的决定》提出，"继续推进城市教育综合改革""全面推进农村教育综合改革"。这一时期的教育体制改革开始带有"攻坚"目的。正如有的研究者指出的，"第三次全教会对于深化教育体制改革的一系列关键性问题做出了突破性的决策，把教育体制改革推到了一个攻坚性的关键阶段"[1]。

---

1 谈松华.中国教育改革和发展中的若干理论和政策问题[J].教育研究，2000(3)：3—9.

21世纪以来,伴随着经济社会发展提出的要求,最初受综合配套改革影响在部分区域和城市实施的教育综合改革,也面临着体制上的深层次障碍,要求对改革进行更高层级、更加综合的设计。依据《教育规划纲要》部署的国家教育体制改革试点,正是对这种需求的系统回应,使改革任务性质发生了变化,同时对改革方法提出了新的要求。从改革内容来看,"教育改革既涉及体制机制,也涉及思想观念,还涉及人的切身利益,社会期待很高,有些方面认识不尽一致"[1]。在改革方法上,需要对涉及的各种主体间的复杂关系加以全面统筹。正如改革决策部门指出的,我国教育改革已进入"深水区",面临着很多前所未有的新情况、新问题、新矛盾,改革的难度大、压力大、矛盾也比较多,许多问题没有现成答案,需要在实践中探索[2]。对教育改革进入"深水区"的判断,意味着应该超越驱动力量内、外之分,转向从具体改革内容特性和影响因素复杂性等视角认识教育改革活动。

再次,改革方式呈现出"自上而下"与"自下而上"结合推进的趋势。

在内部、外部多种因素的交织影响下,自2010年以来,教育综合改革的运行逻辑开始发生变化。尽管综合改革的管理和部署由高一层级政府承担,但改革的直接动力主要来自地方政府。改革若要取得成功,中央政府既要把握地方政府的实际需求,也需要使地方政府、各级学校等改革参与主体的实践知识得到"外显"。与以往自上而下推动改革有所不同,本轮教育综合改革中高层政府部门对于改革内容设计的责任发生了变化,要求对基层实践者的改革呼声加以辨析、引导,对改革管理进行系统设计和整体布局。教育改革的路径选择"从政府主导型的自上而下的推动,发展为政府、社会和利益相关者共同推动的互动型改革路径"[3]。由此,教育综合改革的行动逻辑已经超越了"自上而下"还是"自下而上"的争论,表现为改革需求产生于基层并自下而上传导,基层实践者在改革决策和方案设计中表达权的扩大。

驱动力量、重点任务、行为方式的上述变化趋势,是在推动政府职能转变、规范政

---

[1] 刘延东.在贯彻落实全国教育工作会议精神和教育规划纲要部署实施国家教育体制改革试点工作电视电话会议上的讲话[N].中国教育报,2010-9-16(1).
[2] 焦新.以十大试点作为改革突破口:国家教育体制改革领导小组办公室负责人就教育体制改革试点有关问题答记者问[N].中国教育报,2010-12-6(1).
[3] 谈松华.体制创新:教育改革的关键[N].光明日报,2009-2-11(10).

府学校关系、扩大办学自主权、引导社会参与背景下发生的,构成了改革新的时空条件。2013年召开的党的十八届三中全会,教育综合改革被正式纳入国家"全面深化改革"并成为社会改革的重要组成部分。对于新一轮教育综合改革,一方面应全面认识以往各阶段改革难以推进甚至"不了了之"的原因,认识可能对未来改革产生影响的更加复杂的因素;另一方面还要打开视野,汲取全球范围内社会项目实施普遍遭遇困境的教训。詹姆斯·C.斯科特曾以实证方法揭示了试图改善人类状况的项目以失败而告终的原因,给出了如下答案:国家在发展规划中忽视了发展的多样性和复杂性,忽视了地方的传统,将复杂的发展项目简单化[1]。新一轮教育综合改革的部署提出了一系列旨在克服以上局限性的策略,但能否得到落实考验着改革决策者和实践者的智慧。

二、什么是"教育综合改革",需要一种技术层面的解答

如何认识"教育综合改革",是实践领域和学术界的共同难题,影响着教育综合改革方案的设计和推进。20世纪80年代以来,"教育综合改革"在我国开始受到重视,最初主要被运用于农村教育改革领域,之后逐渐被应用于各级各类教育改革中。尽管"教育综合改革"一词使用极为普遍,但是到目前为止仍没有被清晰地加以界定,也导致地方政府和学校对教育综合改革产生了一些认识偏差。譬如,一些地方忽视了实施教育综合改革与落实教育发展规划的区别,将实施教育综合改革等同于实施教育发展规划;一些地方改革方案仅仅列出改革项目、提出改革任务,缺乏对改革路径、方法、保障条件等要素的系统设计;一些地方在教育综合改革实践中将过多精力放在落实来自上级的要求,本地区需要解决的现实问题被"淹没"其中。破解什么是"教育综合改革"这一难题,需要确立以下三个方面认识。

首先,区分"教育改革"与"教育发展",纠正对"教育综合改革"涵义的认识偏差。

在教育管理实践中,人们经常将"改革"与"发展"作为同义词使用。各级政府发布的规划、报告中,"教育改革"经常被等同于"教育发展","教育改革与发展规划""教育改革发展任务分工"等表述经常见诸于政府规范性文件和工作通知。由于"改革"常常

---

1 [美]詹姆斯·C.斯科特.国家的视角——那些试图改善人类状况的项目是如何失败的[M].王晓毅,译.北京:社会科学文献出版社,2004:1—10(导言).

被替换为"发展",人们仍然不得不面对"什么是教育综合改革"的疑惑。这与熊彼特在其著作《经济发展理论》中区分"经济发展"与单纯以人口和财富为衡量指标的"经济增长"的任务,情境极为相似。他认为"经济发展"不只表现为数据变化的增长,而是一种"有本质性意义的新现象",一种"从内部发生的变化"[1]。当下,"教育改革"与"教育发展"两个概念涵义的日渐模糊,给教育综合改革的实践者、研究者带来诸多困扰。

更重要的是,做出这种区分是否有可以参考的依据。对于"教育改革",来自组织自身最宝贵的资源是"问题"。富兰在阐述教育变革过程复杂性时提出,应将"问题"当作朋友,只有对问题进行追踪,才能知道下一步必须做什么以便得到我们想要的东西[2]。因此,在某种意义上,"问题"可以被视为将"教育改革"与"教育发展"区分开来的一种最简单的方法。遍布于各级政府教育改革文件和方案中的"问题导向",其所谓的"问题"潜藏于组织内部,而不是由政府或教育行政部门从外部"移交"而来。为此,迫切需要将"教育改革"从包罗万象的"教育发展"概念中"找寻"出来。对于教育综合改革更是如此。对"教育改革"与"教育发展"做出科学区分,有利于将干扰因素控制在一定范围内,让实践者、研究者把注意力放在规范意义的"教育综合改革"上。

其次,分析教育综合改革环境变化,揭示改革目标、主体、方法等要素的具体特征。

揭示"教育综合改革"的涵义,对于某个具体教育改革项目通常需要回答"目标是什么""实施主体是谁""如何达到目标"等问题。教育综合改革"不仅意味着改革目标和改革任务的转变,而且意味着包括改革的性质、逻辑与路径在内的方法性变革"[3]。到目前为止,国家层面部署过三轮教育综合改革,由于目标任务差异每一阶段采取了不同的推动方法。不同阶段的教育综合改革由于外部环境的不同也将影响改革运作逻辑和策略选择,"每一种领域的主导力量、运作逻辑以及与之相应的体制架构方式各不相同,各种不同的导向之间时常会彼此冲突"[4],为此,需要考虑不同逻辑、不同导向之间的冲突给教育改革带来的复杂情况。这种逻辑常常隐藏在纷繁复杂的改革现象

---

[1] [美]约瑟夫·熊彼特.经济发展理论[M].贾拥民,译.北京:中国人民大学出版社,2019:35.
[2] [加]迈克尔·富兰.变革的力量——透视教育改革[M].中央教育科学研究所,加拿大多伦多国际学院,组织翻译.北京:教育科学出版社,2004:35.
[3] 郝德永.教育综合改革的方法论探析[J].教育研究,2018(11):4—11.
[4] 王有升.教育改革过程中如何守护教育领域的专业性——一种体制分析的视角[J].南京师范大学报(社会科学版),2013(3):12—17.

背后,能否找出它们,是选择教育综合改革方法的前提。

新一轮"教育综合改革"面临着更加复杂的情境,在改革目标、主体、方法等技术要素上表现出了新的特征。

针对改革目标要素,需要回答新一轮教育综合改革的"目标是什么""目标如何设计"的问题。有研究者在对我国教育改革方法论偏差分析时指出,"仅仅停留于工程性改革思维与行动,使教育改革表现为一系列改革'事件',割裂了教育的完整逻辑、使命、结构与功能"[1]。教育综合改革有自身目标,但是受多种因素影响其可以被规范描述出来的可能性受到了制约。一方面,受到了教育改革的"实践"属性影响。由于教育综合改革项目总是以实践行动形式呈现的,因而"教育综合改革"目标被替换为"教育发展"目标,其表述的科学性、规范性受到了限制。教育改革目标设定还存在着对其服务对象地位的认识问题,即如何认识受教育者的需求、利益的满足程度。正如有的学者主张的,教育综合改革应当以共同教育利益的扩大机制为战略重点,特别是"把学生整体发展利益作为教育综合改革利益协调机制建设的核心"[2];另一方面,对其目标的揭示还会受到"摸着石头过河"改革哲学的影响,在"试错""摸索"等思维影响下,降低了改革决策者、设计者对其目标进行科学归纳的努力程度。

针对改革主体要素,需要回答新一轮教育综合改革的"行动者"有哪些、"主要行动者"是谁的问题。党的十八届三中全会指出,"坚持以人为本,尊重人民主体地位,发挥群众首创精神,紧紧依靠人民推动改革,促进人的全面发展"[3]。对教育综合改革主体要素进行揭示的困难表现在:一方面,受到改革主体分化为改革决策者、改革实践者的影响;另一方面,在将改革组织主体上升至"政府"层面后,教育综合改革活动无法回避在作为独立利益主体的不同"部门"间协调的难度[4]。为此,定义"教育综合改革",首先需要按照职责对改革行动者进行细分,同时还要研究不同职能部门在教育综合改革中的角色。由此,需要讨论政府以一个整体还是以职能部门各自身份处理与其他改革行

---

[1] 郝德永.我国当代教育改革的方法论偏差及症结[J].教育研究与实验,2018(1):12—18.
[2] 陈华.教育综合改革的利益主体与协调机制[J].全球教育展望,2017(11):76—89.
[3] 中共中央关于全面深化改革若干重大问题的决定[M].北京:人民出版社,2013.
[4] 骈茂林.教育改革中的跨部门协调:一个分析框架及其应用[J].华东师范大学学报(教育科学版),2019(6):137—148.

动主体关系的问题。

针对改革方法要素,需要回答新一轮教育综合改革中如何协调不同行动者之间的需求和利益。新一轮教育综合改革面临着复杂的利益协调任务,原因在于改革行动者的类型、数量得到大幅拓展,利益协调客体复杂性明显增加。利益主体多元导致的利益矛盾,是所有社会改革项目的普遍特征。斯科特区分了大型社会项目实施中的"国家利益"与"以多样化地方利益形式"表现出来的国家利益。他指出,现实中"显示出的多样性和复杂性所反映的不是国家利益,而是纯粹的地方利益"[1]。而在认识与把握改革过程中利益的复杂性方面,需要采用可以进入微观部位和技术细节的方法,这有可能成为产生新的动力的"导火索"。富兰指出,在变革过程中仔细关注一小部分"关键细节","将会带来成功的体验、新的行动以及完成一些重要事情之后的激动和具有激励作用的满足感"[2]。国内研究者也意识到,教育综合改革在方法论层面需要明确多元、自治与协商的尺度、限度与机制,妥善解决治理主体、路线与方式等问题[3]。

再次,把握教育综合改革的攻坚性质,认识"制度创新"作为改革中心任务的中心地位。

自1978年以来,我国的教育体制改革环境发生了深刻变化,这是在经济体制转轨和建立社会主义市场经济体制的背景下展开的。有研究者将当前教育综合改革定位为"收官性"改革,既是对改革开放40年来教育改革进行验证与修正、完善与统筹的总体性改革,更重要的是应突出以教育制度设计为引领的"根本性改革"[4]。在如此定性已成共识的前提下,教育综合还需要面对以何种方法实现"制度创新"这一核心任务。瓦克斯(Leonard J. Waks)对组织层面和制度层面的教育变革进行了鲜明区分,通过概念论证的方式他认为根本性教育改革发生在制度层面[5]。国内学者也注意到新的路径、方法对摆脱原有改革困境、促进体制改革目标实现的重要性。周志忍认为,摆脱动力困境的根本出路在于将"体制内改革"转变成"体制外改革",

---

[1] [美]詹姆斯·C.斯科特.国家的视角——那些试图改善人类状况的项目是如何失败的[M].王晓毅,译.北京:社会科学文献出版社,2004:25.
[2] [加]迈克尔·富兰.教育变革的新意义(第四版)[M].武云斐,译.上海:华东师范大学出版社,2010:7.
[3] 郝德永.教育治理的国家逻辑及其方法论原则[J].教育研究,2020(12):4—13.
[4] 郝德永.教育综合改革的方法论探析[J].教育研究,2018(11):4—11.
[5] Leonard J. Waks. The Concept of Fundamental Educational Change [J]. Educational Theory, 2007, 57(3).

"关门改革"转变成"开放式改革",让公开的民意成为改革的动力和主导力量[1]。这也是本研究主张回到技术层面认识教育综合改革的缘由,折射出教育对适应日益深化的经济社会体制改革的选择。

三、教育综合改革,需要新的研究方法

教育综合改革的实践属性决定了,在帮助实践者解决"怎样改革"问题之前,需要先回答"如何研究"教育综合改革的问题。

2010年以来,在实践领域受到广泛关注的同时,学术界也掀起了对教育综合改革的研究热潮,产生了不少视野开阔、方法新颖的成果,研究主题涉及改革内涵与特征、改革主题与内容、改革路径模式和机制等方面[2]。综合上述成果,从研究对象来看,与以往相比对政府在实施教育综合改革中的地位和作用有更多关注;从研究方法来看,在运用思辨研究等传统方法基础上也有研究尝试从改革实践视域或改革试验区案例切入;从研究成果来看,有的从完善政府组织实施行为提出行动方案。这些成果为本研究的设计和实施提供了较多借鉴,但在总体上,尽管关于教育综合改革"为什么""是什么""怎么样"等基础问题取得了丰硕成果,对改革机制形成了诸多规律性认识,但是采用实证方法开展的研究相对较少,深入到微观过程揭示复杂运行机制的研究尚不多见。国际上也存在着同样的隐忧,《教育变革研究》杂志在对2000至2014年的代表性文献综述后指出[3],与教育变革是"改进"的假设被反复强调相比,关于什么应该改进、

---

[1] 周志忍. 论行政改革动力机制的创新[J]. 行政论坛,2010(2):1—6.
[2] 改革内涵与特征方面如吴康宁的《理解"深化教育领域综合改革"》(《清华大学教育研究》2013年第1期)、吴康宁的《改革·综合·教育领域——简析教育领域综合改革之要义》(《教育研究》2014年第1期)等;改革主题与内容方面如顾明远的《教育领域综合改革的宏观视野》(《教育研究》2014年第6期)、杨银付的《深化教育领域综合改革的若干思考》(《教育研究》2014年第1期)、从春侠等的《省级政府教育统筹综合改革:措施与风险分析》(《河北师范大学学报(教育科学版)》2015年第2期)等;改革路径、模式和机制方面如钟秉林的《加强综合改革 平稳涉过教育改革"深水区"》(《教育研究》2013年第7期)、叶赋桂的《教育综合改革:扎根吾土 服务吾民》(《清华大学教育研究》2013年第1期)、刘贵华等的《论区域教育综合改革模式》(《教育研究》2009年第12期)、孟照海的《试论深化教育综合改革的实现路径》(《中国人民大学教育学刊》2014年第6期)、王振权的《区域教育综合改革的参与发展模式》(《教育发展研究》2010年第7期)、王海英的《教育领域综合改革成功运行的三大机制》(《湖南师范大学教育科学学报》2015年第4期)等。
[3] Juan Cristobal, Garcia-Huidobro, Allison Nannemann, Chris K, Chang-Bacon & Katherine Thompson. Evolution in Educational Change: A Literature Review of the Historical Core of the Journal of Educational Change [J]. Journal of Educational Change, 2017.

哪个变化方向构成改进以及为什么应该将变化视为改进等问题,在很大程度上被忽视了。国内有研究对2000至2019年研究文献的定量分析后指出了我国教育综合改革研究状况:理论探讨较多,量化分析较少;关注改革设计的较多,关注改革实施的较少;中观层面区域改革或专项改革研究相对较多,微观层面相对较少[1]。现有研究在很大程度上忽视了教育改革研究的方法论问题,受适用问题情境限制相关成果表现出了匹配程度不高的局限。有研究者指出,对教育改革中的方法论问题的忽视,导致对教育改革的理解缺乏基本的分析框架和对影响教育改革行为的因素以及它们的相互作用机制的技术体系研究不足[2]。从研究方法进行分析,主要缺憾表现在:

首先,缺乏将国家与地方、政府与学校不同维度改革主体联结起来的分析框架。进入治理体系建设阶段的教育改革,需要确立与之相应的改革研究思维。地方政府实施教育综合改革,一方面要全面、客观反映来自基层学校及教师、学生等个体的改革诉求,另一方面要突破教育自身封闭系统,从社会大系统的视野进行改革布局和组织,使教育综合改革获得广泛的社会支持。无论是教育系统还是外部的改革参与者,都需要深入体察他们参与其中带来的驱动力量,同时通过深入技术细节把握新一轮教育综合改革影响因素的多样性和复杂性,深入总结将其转化为改革成功的条件。富兰在研究中指出,在尊重教育变革的复杂性的同时,应该界定出一些行为策略,它们将是影响富含各种因素的复杂网络的"杠杆"[3]。实现这一目标,无疑需要借助相应的"工具",建立一个适宜分析教育综合改革的分析框架迫在眉睫。

其次,缺乏将改革预期、改革主体、改革方法等基本要素联结起来进行立体分析的实证探究。对于改进社会项目的研究,最好的方法是还原"社会事实"。斯科特就此指出,"将一个尚未被理解的复杂关系和过程割裂开来,从而试图得到单一工具价值的做法是非常危险的"[4]。这种主张也与熊彼特主张的对"经济发展"应突破"静态分析"的方法相似。他认为,静态分析"既不能解释这种生产性革命发生的原因,又不能解释随

---

1 高耀丽,应望江.迈向教育现代化之路:上海市教育综合改革进展报告(2014—2019)[M].上海:上海教育出版社,2021:6.
2 廖辉.理解教育改革:一个初步的分析框架[J].教育理论与实践,2014(13):16—21.
3 [加]迈克尔·富兰.教育变革的新意义(第四版)[M].武云斐,译.上海:华东师范大学出版社,2010:7.
4 [美]詹姆斯·C.斯科特.国家的视角——那些试图改善人类状况的项目是如何失败的[M].王晓毅,译.北京:社会科学文献出版社,2004:20.

之而来的各种现象"[1]。因此,还原教育综合改革过程中的"社会事实",是今天教育综合改革研究应当面对的一项重要任务。

再次,缺乏能够将改革理论与实践融为一体的分析方法。一方面,教育改革研究方法仍"远离"实践。科斯曾用"黑板经济学"形象地概括他所观察到的经济学研究传统,即"经济学家在黑板上移动曲线和摆布公式,漠不关心理论与真实世界之间的契合程度,以及可能对分析有影响的制度"[2]。这种传统同样存在于当前教育综合改革研究领域。教育改革研究中同样不乏缺乏经验基础、找不到真实发生的事情等种种尴尬,不免会发生科斯所言的"忽视'工厂或办公室'里所发生的事情"。因此,"黑板"式教育改革研究,仍然需要作为被超越的对象,对这类活动的分析应体现"现实主义"。另一方面,教育管理体制改革必须在"适应"经济体制的同时考虑教育活动本身的规律和特点,不能简单地模仿和沿袭经济体制的改革[3]。国外学者对教育改革或变革的研究具有一定参考价值,如富兰针对变革过程的复杂性提出了新的变革范例的八项启示[4],霍尔等提出了教育变革的十项原则并将教育变革划分为8个实施水平[5]。这些研究的共同点是均建立在研究者亲身经历的变革过程的基础上,较多采用的是参与式观察、田野访谈、案例分析等方法,对于认识教育变革的"真实世界"有一定借鉴价值。

四、研究目的与全书布局

由于任务和环境变化,新一轮教育综合改革中各参与方的地位、相互关系发生了深刻变化。基于突破现有研究的上述局限性,本研究将结合对国家教育综合改革试验区项目的跟踪观察,从微观改革过程和技术细节入手,探寻一种认识教育综合改革的新视角,完善对教育综合改革的理论认知,总结其实践规律。拟解决的核心问题包括:

---

[1] [美]约瑟夫·熊彼特.经济发展理论[M].贾拥民,译.北京:中国人民大学出版社,2019:58.
[2] [美]斯蒂文·G.米德玛,罗纳德·科斯传[M].罗君丽,朱翔宇,程晨,译.杭州:浙江大学出版社,2016:2(中文版序言).
[3] 谢维和.我国教育管理体制改革的走向及其分析[J].教育研究,1995(10):22—27.
[4] [加]迈克尔·富兰.变革的力量——透视教育改革[M].中央教育科学研究所,加拿大多伦多国际学院,组织编译.北京:教育科学出版社,2004:27—55.
[5] [美]吉纳·E.霍尔,雪莱·M.霍德.实施变革:模式、原则与困境[M].吴晓玲,译.杭州:浙江教育出版社,2004:3—24;98—125.

从"改革决策"等角度解决部门主义、"成本不协调"等问题；从改革实施的技术层面入手解决综合改革动力无法维持、成果难以扩散的问题；特别是，从"制度创新"视角解决微观改革主体难以在制度创新过程中发挥更大作用的问题。

本书以《教育规划纲要》发布以来至今为时间范围，以作为国家教育综合改革试验区的上海所开展的改革实践为研究对象，对教育综合改革进行理论与实践结合的研究。主要内容包括：

一是，分析教育综合改革的内涵。结合改革开放以来我国改革实践，通过改革主体、改革预期、改革方法等要素对"教育综合改革"进行概念界定。通过与以往教育改革路径的比较描述当前实施的教育综合改革的基本特点。

二是，提出地方政府实施教育综合改革过程的分析工具。针对综合改革活动中要素间的作用方式建立分析工具，据此对地方政府组织实施教育综合改革的机制进行实证分析。

三是，提出地方政府组织实施教育综合改革的具体职责和行动建议。依据教育法律法规对地方政府教育管理职能的定位，确定地方政府实施教育综合改革的职责并分析其有限性，针对地方政府推动重点领域、关键环节制度创新提出行动建议。

全书分为三个部分：

第一部分为基础理论研究，包括第一章、第二章，从"为何实施教育综合改革""何为教育综合改革"等基础问题入手，剖析了新一轮教育综合改革的外部环境变化和主要任务，教育综合改革的内涵与特点，总结地方政府对于组织实施教育综合改革的具体职责。

第二部分为实证研究，包括第三、四、五章：第三章分析工具建构，主要选取行政学、经济学等学科的整体性治理、制度变迁等理论，分析它们在技术、方法层面上对观察地方政府实施教育综合改革活动的价值，建构分析工具并提出相应分析问题；第四章、第五章，对改革决策过程、改革实施过程、制度创新与推广过程等三个重点阶段的行为进行了实证分析，对具有代表性的教育综合改革项目进行跟踪研究。

第三部分为实践应用研究，即第六章，在对代表性项目案例分析的基础上，总结地方政府组织实施教育综合改革的基础条件、提炼其"关键行为"并总结其结构关系，对改革效果进行分析。

第一章　新一轮教育综合改革的任务与特征

在我国以往实践中,人们对教育综合改革尚未形成全面的认知。因此,有必要简要回顾我国教育综合改革的历史,为新的历史阶段回答"什么是教育综合改革""教育综合改革如何实施"等问题找准方位。

第一节　历史回顾与新一轮教育综合改革的任务变化

教育改革发生于特定社会条件下。自20世纪80年代开始,我国教育改革开始强调设计的系统性和推进的审慎性,首先在农村教育等领域设计推行综合改革。此后,教育综合改革经历了从部分领域到全局工作、从教育单独推进到与经济社会配套推进等发展阶段,在不同阶段改革具有不同的目标和职责使命。

一、从社会改革"边缘"走向"中心":1985年以来我国教育综合改革回顾

教育改革是社会改革的组成部分,但它们并不是同步推进的。这既表现为改革内容和方法经历的渐进式发展,也表现为教育改革目标与社会改革目标之间从疏离到融入的发展过程,实现了从社会改革"边缘"走向"中心"的转变。自1978年以来,我国改革任务由服务于经济建设逐步发展为各领域改革协调和相互促进。有学者认为,中国的教育改革一开始就是作为整个社会领域改革的一部分而开展的,"教育改革的目标

与社会改革的根本目标是一致的、具体目标是相互协调的"[1]。但是,在改革实践层面二者之间并非如此密不可分,而是经历了艰难且缓慢的转变过程。也就是说,教育领域"综合改革"与社会领域改革的关系并非最初即确定的,而是经历了从社会改革"边缘"向"中心"逐步发展的过程。本研究将我国教育综合改革的实践划分为三个阶段:

第一个阶段是20世纪80年代末开展的农村教育综合改革试验。

这一阶段,"综合改革"更多属于一种"为我所用"的方法论,推进综合改革的动力主要来自教育系统自身。1985年,《中共中央关于教育体制改革的决定》针对轻视教育、轻视知识、轻视人才的错误思想依然存在,教育工作不适应社会主义现代化建设需要的局面没有根本扭转等问题提出,"要从根本上改变这种状况,必须从教育体制入手,有系统地进行改革"。尽管没有使用"综合"一词,但决定提出的改革要求已呈现了"教育综合改革"的雏形。1989年,国家教育委员会会同各省在实施"燎原计划"的一百多个县建立了全国农村教育综合改革试验区。1993年发布的《中国教育改革和发展纲要》,明确指出教育体制改革"要采取综合配套、分步推进的方针","积极推进农村教育、城市教育和企业教育综合改革,促进教育同经济、科技的密切结合"。这一背景下,教育综合改革主要在某些教育领域点上展开,农村教育首先成为运用综合配套思路部署改革的代表性领域。1995年,为贯彻"科教兴国"战略、落实《中国教育改革和发展纲要》及其实施意见,国家教育委员会发布了《关于深入推进农村教育综合改革的意见》,系统阐明了推进农村教育综合改革的指导思想,明确了调整和优化农村教育结构、形成适应现代化建设需要的农村教育体系等重点任务。该意见提出了坚持"点上深化,面上推广"的工作方针和"分区规划、分类指导、分步实施"的原则。

总体上,这一阶段我国对农村教育综合改革部署中关于政府作用的定位、对教育体系内外改革统筹设计的思想,已经初步体现了综合改革的方法论特点,但是由于组织主体、实施范围等因素影响,总体上还处于社会改革的"边缘",并未深度融入当时的经济社会发展过程。但是,这一阶段综合改革的方针和原则,对此后教育综合改革方法的成型积累了条件。

---

[1] 石中英,张夏青.30年教育改革的中国经验[J].北京师范大学学报(社会科学版),2008(5):22—32.

第二阶段是 21 世纪以来国家在多地部署的教育综合改革试验。

这一阶段教育综合改革主要由中央政府部门发起实施。由于外部驱动和政治改革的要求,"教育综合改革"属于一种"伴随式"改革,改革动力主要来自外部,教育系统内外尚未形成合力。这一阶段的教育综合改革,从外部直接受到了我国第三轮综合配套改革的影响和推动。在此之前,我国从 1981 年开始围绕建立社会主义市场经济体制曾先后进行了两轮综合配套改革。第三轮是始于 2005 年 6 月国务院批准上海浦东新区开展以突破制约经济社会发展的体制机制障碍为主要目的的综合配套改革。2006 年以来,为配合和谐社会建设、服务于综合配套改革试验目标,教育部批准多个省份设立教育综合改革试验区。这批试验区大部分是为配合综合配套改革而设立,教育部门作为落实科学发展观的部门之一落实相关配套改革要求的具体行动。例如,重庆、成都教育综合改革试验区的试验主题为"统筹城乡"、武汉城市圈与长株潭城市群教育综合改革试验区的试验主题为"资源节约型、环境友好型社会建设"。《深圳市综合配套改革总体方案》针对社会领域的改革提出"争创国家教育综合改革示范区"的目标,提出了实施综合改革的具体内容。

"综合改革"方法在第三轮配套改革中得到了系统运用。此时它的突出特点表现为[1],把解决本地区实际问题与全局共性难题结合,把实现重点突破与整体创新结合起来,把经济体制改革与其他方面改革结合起来,为试点地区经济社会发展提供体制和制度保障。这些特点同样反映在教育领域综合改革中,也开始带动教育综合改革逐步进入社会改革的范围。这一阶段,教育综合改革试验设计和实施主体上升为地方政府,但从改革意愿和改革权限看,地方政府和教育部门尚未成为改革主体,限制了改革对于教育系统可能产生的影响。因此,这一阶段的教育综合改革也无法进入社会改革的"中心"。

第三阶段是《教育规划纲要》颁布以来部署实施的教育综合改革。

2010 年 7 月 13 日,在 21 世纪以来召开的第一次全国教育工作会议上,时任总书记胡锦涛指出,"全面形成与社会主义市场经济体制和全面建设小康社会目标相适应

---

[1] 孔泾源.国家综改试验区:东中西互动格局初成[J].瞭望,2008(10):32+34.

的充满活力、富有效率、更加开放、有利于科学发展的教育体制机制"。这次会议确立了"以改革创新精神推动教育事业科学发展"的根本要求,会后发布的《教育规划纲要》对未来十年的教育改革和发展作了全面部署。有学者分析,《教育规划纲要》关于教育改革的定位,"为此后2012年党的十八大报告进一步明确教育改革总体方向,以及相继召开的十八届三中、四中、五中全会部署深化教育领域综合改革做好了全面系统的准备"[1]。此次会议和《教育规划纲要》对我国教育体制改革的部署,极大地提升了教育改革在社会诸领域改革中的地位,推动教育改革开始进入社会改革的"中心"。

这一阶段,实施综合改革已不仅仅是教育系统的内部要求,还受到了社会经济发展的直接驱动。在改革内容上,国务院办公厅《关于开展国家教育体制改革试点的通知》将"坚持以人为本,着力解决重大现实问题"作为首要原则,提出"从人民群众关心的热点难点问题入手,着力破除体制机制障碍,努力解决深层次矛盾"的要求。在实施主体上,这一阶段的教育综合改革呈现出一个新的趋势,即改革重心向省级及以下各级政府转变的趋势。比如,针对"加强省级政府教育统筹"提出"统筹推进教育综合改革,促进教育区域协作,提高教育服务经济社会发展的水平"的要求。国家对一些重点领域和关键环节改革实施的思路是,"由省级人民政府和中央有关部门在国家指导下开展试点,取得经验后,再总结推广"[2]。此后几年,在推动国家教育体制改革项目过程中,各级政府和教育行政部门表现出了强烈的创新意愿,国家层面和各级地方政府层面的创新性制度供给不断增加。

党的十八大以来,在确立和落实"以人民为中心"发展思想进程中,教育综合改革在党和国家的改革布局中被赋予重要使命,改革任务更加明确。2013年党的十八届三中全会发布的《中共中央关于全面深化改革若干重大问题的决定》(以下简称"决定"),实现了教育领域综合改革与中央"全面深化改革"决策目标的对接。《决定》作出的"我国发展进入新阶段,改革进入攻坚期和深水区"的重要判断,为教育综合改革提供了更为宽广的视野,使改革性质发生了变化;《决定》提出"紧紧围绕更好保障和改善民生、

---

[1] 张力.深化教育领域综合改革拉开历史性一幕[N].中国教育报,2015-12-11(1).
[2] 焦新.以十大试点作为改革突破口:国家教育体制改革领导小组办公室负责人就教育体制改革试点有关问题答记者问[N].中国教育报,2010-12-6(1).

促进社会公平正义深化社会体制改革",为教育综合改革确立中心任务指明了方向。有研究者指出,《决定》针对管理体制改革部署的六个方面改革重点任务,已经不仅是能够单纯通过增量而得到解决的问题,而必须对现有的体制与结构进行改革,"这些领域和问题的改革总体上属于一种存量的改革"[1]。2017年,中共中央办公厅、国务院办公厅《关于深化教育体制机制改革的意见》提出了"坚持目标导向与问题导向相结合"的原则,强调针对"人民群众反映强烈的突出问题"集中攻坚、综合改革、重点突破,扩大改革受益面,增强人民群众获得感。进入"十四五"以来,国家强调"综合改革"作为基础教育改革向纵深推进基本方法的地位,先后分两批部署了24个基础教育综合实验区。2022年,党的二十大报告强调"深化教育领域综合改革",明确了改革的重点任务。

上述不同阶段,教育综合改革实施的驱动力量、功能定位、参与主体呈现出不断发展变化的特点。以往,我国社会改革与经济、政治等方面的改革共同构成了教育改革的外部动力,但是由于这种动力传导至教育系统有一个时间差,因此现实中的教育改革常常滞后于社会改革,与其他领域相比处于"边缘地位"。面对这种状况,在党的十八届三中全会《决定》总体布局影响下,教育改革在全面深化改革总体布局中的地位发生了变化,进入社会改革"中心"地带,同时与经济、政治、文化、社会、生态文明各领域改革和党的建设改革成为紧密联系、相互交融的整体。此时,教育综合改革理应与社会、经济、政治等各领域改革一同谋划、协调推进,其成果也应被放置于我国改革全局中加以评判。《决定》关于改革内容的布局强调了各领域改革密切配合的重要性。习近平总书记指出:"如果各领域改革不配套,各方面改革措施相互牵扯,全面深化改革就很难推进下去,即使勉强推进,效果也会大打折扣。"[2]总体上,新一轮教育综合改革,更加强调改革要素的全面性、系统性,以及改革要素之间的相互促进。

二、 制度创新:新一轮教育综合改革的中心任务

2010年开始部署的国家教育体制改革试点项目的共同特点是与制度、政策密切相关。确立的各类教育综合改革项目普遍与优化、调整或革新"制度"的任务相关。由于

---

[1] 谢维和.中国教育改革发展新阶段及其主要特征[N].中国教育报,2014-5-16(6).
[2] 习近平.关于《中共中央关于全面深化改革若干重大问题的决定》的说明[J].求是,2013(22):19—27.

对教育管理活动的深入影响,如何革新优化"制度"往往是国内外教育改革的共同任务。如富兰所言,"当前的制度以各种不同的方式交错在一起""维持现状的力量是制度性的"[1]。但是,处于攻坚期和深水区的第三轮教育综合改革,需要重新考量制度创新对于改革目标实现的特殊作用。

"制度创新"并不是针对新一轮教育综合改革提出的全新要求。此前,围绕改变教育管理权限高度统一和过度集中的现象而作出多次规划和部署。1993年《中国教育改革和发展纲要》提出,"除大政方针和宏观规划由中央决定外,具体政策、制度、计划的制定和实施,以及对学校的领导、管理和检查,责任和权力都交给地方",为地方政府进行制度创新提供了依据。20世纪最后十多年教育管理体制改革的走向表现为,从高重心向低重心的转移、从原有体制内向体制外的转移、教育供给与教育需求由基本重合向相对分离转变[2]。但是,地方政府在教育领域制度供给中的作用发挥,与经济、社会领域相比并不突出。在改革推进过程中始终面对着有效制度供给不足的尴尬。已有改革要素获益空间已经很小,必须从制度上寻求新的空间。

自党的十八届三中全会被纳入国家全面深化改革总体布局以后,"制度创新"在教育综合改革目标中的地位得到了进一步强化。《决定》提出到2020年"形成系统完备、科学规范、运行有效的制度体系,使各方面制度更加成熟更加定型"的总体预期,同时明确了"在重要领域和关键环节改革上取得决定性成果"的中心任务。自2014年开始,教育改革重大事项纳入了中央深化改革领导小组审议范围,如当年8月18日召开的第四次会议审议通过了《关于深化考试招生制度改革的实施意见》。总体上,与前两轮综合改革相比,新一轮教育综合改革的制度创新环境发生的变化,主要表现为以下两点:一是要求地方政府、职能部门、学校等创新主体参与改革,在制度创新中发挥积极作用。教育改革实施的主体,既包括将改革计划付诸实施的组织和个人,也包括学校以外为改革提供支持的地方政府及其他机构[3]。杨瑞龙认为,改革初始阶段由权力中心倡导、组织并直接主导的制度供给方式,在改革深化阶段面临着障碍,此时在策略

---

[1] [加]迈克尔·富兰.教育变革的新意义(第四版)[M].武云斐,译.上海:华东师范大学出版社,2010:6.
[2] 谢维和.我国教育管理体制改革的走向及其分析[J].教育研究,1995(10):22—27.
[3] 借鉴关于制度变迁主体的研究传统,本书下文将这类组织和个人称作"微观主体"。

上应回答哪些主体扮演"初级行动团体"的问题。二是对地方政府推动制度创新的方法提出了新要求。在西方经济学中熊彼特第一次系统地阐述了创新的发生过程,他把"创新"定义为建立一种新的生产函数的过程,企业家将新产品、新市场、新的生产方法和组织的开拓以及对新的原材料来源的控制等均视为创新的基本要素。"当我们把所能支配的原材料和力量结合起来生产其他的东西或者用不同的方法生产相同的东西"[1],即实现了生产手段的新组合,产生了具有发展特点的现象。经济领域的创新理论同样适用于公共政策领域的创新活动。

借鉴创新理论的原理,教育综合改革同样面临着建立类似鼓励"企业家"进行重建生产函数的过程。教育综合改革推进制度创新的过程,最初是由作为企业家中先行者的试点单位开始实践的,这就产生了如何选出并激励"企业家"投入建立新的生产函数的过程中的要求。作为教育综合改革微观主体的某一所学校或教育机构,由其发起供给的制度适用范围有特定限制,难以适用于其他同类机构,因此激励效果有限,类似的缺陷需要地方政府的制度供给来补偿。因此,针对地方政府、各级学校等微观主体,需要建立一种持续的、正式的激励机制,提高微观主体投入改革的积极性。教育综合改革中推动制度创新,地方政府主要承担以下四个方面的任务。

一是赋予部分地区、学校先行试点的权利。地方政府对由学校等微观主体承担的改革项目的部署,属于广义上制度供给的范畴,可以视为正式制度供给的基础工作。在改革初期,地方政府会以不同微观主体的"共同代理人"身份承担某些框架性制度供给的任务,而更为具体的制度供给任务则以改革项目的形式赋予部分学校。在中后期,地方政府则应将主要任务放在吸纳微观主体的制度实践成果上,并逐级向上传递。地方政府是连接中央治国者的制度供给意愿和微观主体制度需求的重要中介,因此能够通过符合本地实际的制度供给使国家治理要求与社会需求连接起来。在改革项目实施中,地方政府需要在试点基础上主动吸纳项目试点学校的制度实践成果,使其获得合法性。

二是针对新的活动领域提供基本规范。在宽泛意义上,制度可以由政府、团体或

---

[1] [美]约瑟夫·熊彼特.经济发展理论[M].贾拥民,译.北京:中国人民大学出版社,2019:1—52.

个人供给,但政府总是居于主导地位,因为政府"能够为个人和团体的制度创新提供外在制度环境的支持或约束"[1]。比如,有的改革要素在旧有的制度体系下不适应,更多的是因为在涉及不同部门利益或不同领域制度时,制度的相互分割或排斥已严重影响了改革推进。根源在于,制度设计过程中利益相关者的需求无法得以合法、充分的表达。

三是针对不同主体之间的合作提供激励。制度可以被视为"人们在社会分工与协作过程中经过多次博弈而达成的一系列契约的总和"[2],它通过减少信息成本和阻碍合作的因素,为人们在推动普通高中多样化发展过程中进行有目的的合作创造条件。根据激励对象特点可以区分为两种类型:一类是针对无意从事该行为的主体,通过转变预期、激发其动力,引导他们投入到改革活动中;另一类是对已经参与改革活动的主体,使其参与改革的行为更加持续稳定,对改革持有更加积极的预期。地方政府的制度供给要为改革过程中政府与学校、学校与其他教育机构、学校与有关社会机构之间的合作创造条件,使不同主体之间的合作目的更加明确,合作行为更加规范。譬如,当前普通高中课程改革中学生跨校选课以及普职融通的改革构想难以落实等问题,便是依靠单个学校制度供给无法有所作为的。只有地方政府建立或倡导建立覆盖不同类型、不同阶段学校,开放灵活的管理制度,才能实现课程资源在学校之间的共享,甚至学生在不同类型学校之间的自由流动。这就需要地方政府为普通高中学校与外部机构合作制定相应规范与制度,如利用教育系统资源时与初中、高校、职业学校合作的规范,利用社会资源时与科研机构、企业合作的规范。

四是评估总体制度创新成果并在区域内推广。由于这些改革项目的"局部试点"属性而使地方政府制度供给处于"两难"境地:一方面需要改革主题涉及的相关制度的及时供给,另一方面又因处于局部试点阶段,尚不能进行全局性的、完善的制度供给。实践中中央和地方政府均面临着对"试点"成果进行科学评估和推广应用的问题。主要表现在:一是就供给哪些制度而言,表现为关键环节制度供给数量不足、地方政府的制度供给意愿和能力不足,以及符合教育综合改革价值目标要求的制度供给缺乏;二

---

1 卢现祥.西方新制度经济学(修订版)[M].北京:中国发展出版社,2003:107—116.
2 卢现祥.西方新制度经济学(修订版)[M].北京:中国发展出版社,2003:66.

是就如何供给而言,在中央政府主导的制度供给策略下,地方政府只是在中央授权下进行制度供给,层级相对较低的政府以及学校居于完全被动的地位。2017年,中共中央办公厅、国务院办公厅《关于深化教育体制机制改革的意见》明确提出,"尊重基层首创精神,充分调动地方和学校改革的积极性、主动性、创造性,及时将成功经验上升为制度和政策"。这就要求教育综合改革的决策者和部署者改变以往自上而下推进改革采用的方法,探索对试点地区经验成果进行总结、评估、推广的方法。

第二节 新一轮教育综合改革的主要特征

2010年10月,国家教育体制改革试点部署中提出,对于重点领域和省级政府教育统筹实行"综合改革",这也成为党中央在十八届三中全会将"教育综合改革"纳入深化改革总体布局的"序幕"。由于受到了外部力量驱动,以及社会领域配套改革示范的影响,新一轮教育综合改革需要突破教育系统内改革的视野,从社会系统视角和教育服务对象需求出发进行整体布局。实践中,表现出了以下主要特征。

一、以增进人民教育福祉、促进人的全面发展为出发点

我国先经济后社会政治的改革推进顺序,对社会观念产生了影响,引起了社会教育需求的变化。随着教育发展从供给约束阶段进入需求导向阶段,教育体制改革的功能定位发生了变化,有学者将其概括为从以增加教育资源、扩充教育机会要求的效率优先的政策选择为主,转向更加注重教育公平的政策选择,满足社会对教育公平、质量和多样化的需求[1]。通过党和国家的各项决策部署,"增进人民教育福祉""促进人的全面发展"逐步成为新一轮教育综合改革的根本出发点。

首先,推进教育公平、增进人民教育福祉,被确立为改革的指导思想。2010年,第三次全国教育工作会议提出,以改革创新精神推动教育事业科学发展的要求。时任总书记胡锦涛指出,要重视改革的系统设计和整体安排,加快重要领域和关键环节改革

---

[1] 谈松华.体制创新:教育改革的关键[N].光明日报,2009-2-11(10).

步伐,以改革推动发展,以改革提高质量,以改革增强活力,进一步消除制约教育发展和创新的体制机制障碍,全面形成与社会主义市场经济体制和全面建设小康社会目标相适应的充满活力、富有效率、更加开放、有利于科学发展的教育体制机制。此后,"教育公平"成为中长期教育改革发展的一项中心任务。由此,教育发展开始从以增长为主要特征的发展模式,向以更加重视和强调教育资源和机会分配机制的合理性,更加强调教育公平为主要特征的全面发展模式转变[1]。教育改革必须紧紧围绕教育规划纲要提出的各项改革任务,着眼于破除制约教育事业科学发展的体制机制障碍,着眼于人民群众关心的重点难点问题和突出矛盾,力争在4个方面取得新突破[2]。如何与社会领域其他改革相互适应、对不断变化的教育需求做出积极回应,教育服务提供如何兼顾公平、效率和多样的价值,已经成为教育综合改革的重要逻辑。

其次,"立德树人"、促进人的全面发展,被确立为教育改革发展的根本任务。进入新的阶段,教育综合改革已经成为我国社会整体改革的组成部分,"人的全面发展"在教育综合改革中的核心地位日益凸显。自20世纪80年代中期以来,经历了从"多出人才、出好人才"向"为党育人,为国育才"转变的过程,"立德树人"根本任务被牢固确立。2017年,《关于深化教育体制机制改革的意见》提出系统推进育人方式、办学模式、管理体制、保障机制改革,"使各级各类教育更加符合教育规律、更加符合人才成长规律、更能促进人的全面发展,着力培养德智体美全面发展的社会主义建设者和接班人"。2018年9月10日,习近平总书记在全国教育大会上提出,"要深化教育体制改革,健全立德树人落实机制,扭转不科学的教育评价导向"。2022年10月,党的二十大报告针对深化教育综合改革,进一步明确了完善学校管理和教育评价体系、健全学校家庭社会育人机制等重点任务。党中央的上述要求逐渐成为教育综合改革的中心任务。

二、重视各级政府共同分担改革成本

围绕改革攻坚要求,新一轮教育综合改革逐步增强了风险控制意识,逐步形成了

---

[1] 谢维和.中国教育改革发展新阶段及其主要特征[N].中国教育报,2014-5-16(6).
[2] 焦新.以十大试点作为改革突破口:国家教育体制改革领导小组办公室负责人就教育体制改革试点有关问题答记者问[N].中国教育报,2010-12-6(1).

不同于以往的改革成本收益和风险控制逻辑。一个显著变化是,改革实践中增大了向地方放权的力度,强调"中央和地方合理分担改革成本"。主要表现在以下几个方面:

一是中央和地方对改革各负其责。《教育规划纲要》颁布以来,中央政府改变了以往供给具体政策、授予某些权力的形势,主要以规划制定、项目部署的形式进行宏观指导。比如,2010年的试点部署中提出从三个层面系统推进[1]:重大标准、重要制度的改革,以及复杂、敏感、系统性强的改革,由国家层面进行统筹谋划,在做好整体设计的基础上统一组织实施;一些重点领域和关键环节的改革,由省级人民政府和中央有关部门在国家指导下开展试点,取得经验后,再总结推广;三是各地各校结合自身实际,根据规划纲要的要求,自行组织改革试验。这意味着,中央政府开始引导地方政府在改革中担负更大责任。尽管改革起始阶段由国家部署,但是改革设计、实施等影响改革成效的根本环节主要由作为改革主体的地方政府承担。这一轮改革运作采取的是自下而上与自上而下相结合的策略,"中央适度让渡权力则意味着可以减少改革成本支付,地方有改革需求并承担与其相应的成本,只有这样,地方才可能理性地对待综合配套改革"[2]。改革权力的让渡也是对以往改革运行机制权衡利弊的结果,蕴涵着高层政府对新时期改革预期的重大变化。这样改革就能发挥中央宏观决断和地方实践智慧的互补优势,有效地避免以往改革中中央设计者由于地方性知识不足而导致的改革设计弊端。

二是由政府牵头进行改革重大事项决策、协调。改革之初,对此已做出明确部署。比如,在改革方案的制定、改革举措的实施、改革经验的推广中,明确提出"要以召开论证会、听证会、专家咨询会、公开征求意见等方式,充分听取各个方面的意见,问政于民、问需于民、问计于民,自觉接受社会各界的监督和评议"[3]。2010年11月18日,在部署国家教育体制改革试点项目的同时,国家首次设置专门机构——教育咨询委员会,对国家教育重大改革发展政策进行调研、论证和评估。各地普遍建立了由政府分

---

[1] 焦新.以十大试点作为改革突破口:国家教育体制改革领导小组办公室负责人就教育体制改革试点有关问题答记者问[N].中国教育报,2010-12-6(1).
[2] 刘力,林志玲.国家综合配套改革试验区的布局条件与空间推进模式[J].城市,2008(2):8—12.
[3] 刘延东.在贯彻落实全国教育工作会议精神和教育规划纲要部署实施国家教育体制改革试点工作电视电话会议上的讲话[N].中国教育报,2010-9-16(1).

管领导负责的教育综合改革领导小组,对改革涉及的重大事项进行跨部门决策、及时协调。广东省针对需突破的重要政策措施,由省教育体制改革领导小组办公室汇总,分送有关部门研究提出具体意见,再提交省教育体制改革领导小组审议。河南省探索建立由省政府有关领导牵头,省直有关部门和相关行业、企业参加的高校服务经济社会发展促进协调机制。江西省政府专门针对部分试验区的教育改革发展事项召开省级联席会议。重庆市将一些重大教育改革项目列入经济、科技、文化等领域改革范畴,由非教育部门牵头推进。这种由相关职能部门共同参与的决策和协调机制有助于突破教育部门"自己设计自己改"的"内循环"改革路径,为实现跨部门的制度创新提供了现实条件。由政府分管、领导牵头、相关职能部门集体参与的改革决策和协调机制,促进了职能部门间的沟通协调,符合综合改革的"综合性、系统性"要求。

三是,重视"以点带面"推动改革成果扩散。国家对于新一轮教育综合改革的复杂性在决策阶段就形成了清醒判断,提出了相应的策略。首先,重视点上先行试验。通过给予地方政府更大的改革主动权,把局部问题和全局问题结合起来解决。即对于涉及面广的重大政策,在一些地区和学校先行先试,取得成功经验后,再由点及面推广。"以点带面"策略提出的出发点在于,"可以减少改革成本,使改革收益最大化"[1]。这种策略还表现为一系列具体行动措施,例如,"对于实施中需要突破的政策和规定,要根据教育规划纲要确定的原则和精神,充分论证,积极探索,稳妥操作。对于实施中可能存在的风险因素,要深入分析和系统评估,做好预案,积极化解,确保改革平稳推进"[2]。其次,重视建立不同"微观主体"之间的制度化协调机制,为学校与其他教育机构、社会组织之间的合作协商提供制度安排。各地普遍建立了由政府分管领导负责的综合改革领导小组,对综合改革涉及的重大事项进行决策,初步建立了由政府相关职能部门集体参与的改革决策和协调机制。如广东省改革方案提出,建立决策机构、磋商机制、省和地方两级推进机制。

---

[1] 刘延东.在贯彻落实全国教育工作会议精神和教育规划纲要部署实施国家教育体制改革试点工作电视电话会议上的讲话[N].中国教育报,2010-9-16(1).
[2] 焦新.以十大试点作为改革突破口:国家教育体制改革领导小组办公室负责人就教育体制改革试点有关问题答记者问[N].中国教育报,2010-12-6(1).

三、重视多方主体参与、教育系统内外联动

教育综合改革的目的和性质,要求在组织方法、推进机制上寻求新的突破。"任何重大改革,只有加强统筹协调,得到各相关方面的密切配合和大力支持,得到社会各界的关心、理解和帮助,才能凝聚改革的力量,减少阻力,形成合力"[1]。回顾历次改革,受"部署""推进"等传统思维的影响,地方和学校的主动性、社会各方参与的积极性,尚未得到充分发挥。新一轮综合改革从顶层设计开始即强调了相应的策略。

首先,重视试点单位的创新主体作用。新一轮教育综合改革的组织实施体现了"人民群众是改革开放事业的实践主体"的指导思想,强调充分发挥人民群众的积极性、主动性、创造性。同时,进入"深水区"的教育综合改革承受着与以往不同的社会风险。"鼓励地方、基层和群众大胆探索,加强重大改革试点工作,及时总结经验,宽容改革失误,加强宣传和舆论引导,为全面深化改革营造良好社会环境。"[2] 参照熊彼特对"经济发展"原理的分析,"教育改革"不论在立项、实施中运用了何种外部力量、采用了何种资源,本质上它所发生的变化不应该是外部强加的结果,也不是"被周围世界的变化拖着走的"[3]。设立并发挥试点单位的创新主体和先行者作用,正是对这种思想的实践和应用。

其次,重视学校、家庭、社会对改革过程的参与。一是重视家庭、社会多方参与。国务院办公厅发布《关于开展国家教育体制改革试点的通知》,提出"把办好人民满意的教育作为推进教育改革的出发点,把能否促进人的全面发展、适应经济社会需要作为检验教育改革的根本标准"。为此,如何完善学校、家庭、社区关系,开始成为教育综合改革的一项重要任务。"教育改革,事关推进教育治理体系和治理能力现代化全局,必须继续把重点放在构建政府、学校、社会之间新型关系上"[4]。一些国家试验区也对改革试验的经验进行了深刻总结,任何教育改革与社会改革不相匹配,或与群众的期

---

1 刘延东.在贯彻落实全国教育工作会议精神和教育规划纲要部署实施国家教育体制改革试点工作电视电话会议上的讲话[N].中国教育报,2010-9-16(1).
2 中共中央关于全面深化改革若干重大问题的决定[M].北京:人民出版社,2013.
3 [美]约瑟夫·熊彼特.经济发展理论[M].贾拥民,译.北京:中国人民大学出版社,2019:35.
4 郝德永.我国当代教育改革的方法论偏差及症结[J].教育研究与实验,2018(1):12—18.

待和接受度形成落差,都容易导致教育改革停滞不前,甚至导致社会不稳定[1]。二是,重视调整优化政府与市场、社会的关系。政府与市场、社会之间关系的变化,将直接或间接地影响教育与政府、教育与市场和社会的关系。社会主义市场经济条件下,市场在资源配置过程中具有决定性作用,教育改革与发展中的主要矛盾将呈现更加复杂的格局。由此,教育与市场之间的关系将逐渐成为教育改革发展中的主要矛盾或矛盾的主要方面[2]。

再次,重视各参与方在教育改革和制度创新过程中的协调。重视不同部门在改革全过程中的协调、联动,是新一轮教育综合改革推进之初即明确的一项原则。落实教育规划纲要提出的各项任务,涉及约 60 个部门和团体的合作,因此需要强调"左右结合"[3]。以上海市为例,在承担国家教育综合改革试点中呈现出鲜明的特征,即:改革更加注重长线,并不追求毕其功于一役,不奢望立竿见影;改革更加注重综合要素的改革,不局限于一事一地;改革更加注重可复制、可推广性,着力形成可操作性工作方案并总结具有普适性的改革经验[4]。随着教育综合改革的不断深入,制度创新的重点和难点将主要集中在部门政策衔接方面的"技术性协调"上。如果不能在关键环节制度创新上实现部门协同,教育综合改革的效果也会大打折扣。为此,应重视发挥好政府各职能部门间主动合作、协同决策的作用。对于改革涉及的攻坚性制度创新,要把重点放在跨部门协调上,克服教育与其他职能部门沟通、协作对改革预期实现的影响。

四、重视专业力量对改革推进的引导和支持

不同于一般的行政管理活动,组织实施教育综合改革是一种专业性较强的活动,对于决策、组织过程中的指导、评估、反馈等行为有严格规范。新一轮教育综合改革在部署之初,对此即作出了回应。时任国务院副总理刘延东针对新一轮教育综合改革提

---

1 上海市教育综合改革专家咨询委员会秘书处.为教育改革探路 为教育现代化助力——上海市教育综合改革发展报告(2014—2017)[M].上海:上海人民出版社,2017:8.
2 谢维和.中国教育改革发展新阶段及其主要特征[N].中国教育报,2014-5-16(6).
3 刘延东.在贯彻落实全国教育工作会议精神和教育规划纲要部署实施国家教育体制改革试点工作电视电话会议上的讲话[N].中国教育报,2010-9-16(1).
4 上海市教育综合改革专家咨询委员会秘书处.为教育改革探路 为教育现代化助力——上海市教育综合改革发展报告(2014—2017)[M].上海:上海人民出版社,2017:5.

出,"教育不改不行,乱改更不行""搞好教育改革必须统筹谋划,系统设计,试点先行,协同推进"[1]。有研究者认为,教育改革中的"摸着石头过河"具有独特品质,原因在于教育发展除了具有特定的意识形态属性外还具有明显的专业性品质与特点[2]。这就要求组织者在发挥政府和教育行政部门"行政推动"作用的同时,建立相应的专业支持和服务体系。如果省级政府对"先行先试权"的激励效应利用了行政部门的传统资源,建立专业支持和服务体系则对行政部门来说是一种全新的挑战,需要依靠行政部门以外的力量才能实现。因此,需要从外部为试点单位提供专业支持和服务。综合新一轮教育综合改革实施以来的各地实践,在专业力量的支撑、引导作用下,主要采取了以下形式。

其一,重视以调查研究、专家咨询等方式筛选改革项目。在"行政推动"发挥主导作用的同时,各地对"专业支持"方法予以积极尝试。重庆市强调把改革着力点放在基层,支持区县、学校结合当地实际找准试点"突破口",确定改革项目,经评审合格后纳入市级教育改革试点项目管理。广西壮族自治区采取联合调研、部门会商等方式,共同研究解决教育综合改革重大问题,加强政策协调,建立改革重大政策突破机制。调研、咨询等专业支持手段的应用,较好地反映了地方、单位对教育综合改革的个别化诉求,有利于实现解决本地区实际问题与全局共性难题相结合,让教育综合改革成果充分满足微观主体的内生改革需求。上海组织专家组,逐个听取了17个区县教育综合改革方案编制思路报告并提出了针对性改进意见,同时,组织由教育研究和实践专家为主的指导小组,指导各区县教育综合改革方案编制工作,7个区被选择为整体教育综合改革实验区,10个区县被选择为特色教育综合改革实验区。

其二,注重以分类管理、分类指导方式促进改革项目推进。各地教育综合改革部署呈现出深入各级各类教育进行精细化设计的趋势,改革指向性不断增强。上海根据改革任务事权职责,按市级、区县政府和高校三条线分别编制改革方案,分类予以推进。高校层面又分部属、省属公办本科、省属公办专科、省属民办等四个类别进行指导

---

1 刘延东.在贯彻落实全国教育工作会议精神和教育规划纲要部署实施国家教育体制改革试点工作电视电话会议上的讲话[N].中国教育报,2010-9-16(1).
2 郝德永.我国当代教育改革的方法论偏差及症结[J].教育研究与实验,2018(1):12—18.

推进。多个省份以重点领域作为综合改革突破口,任务不断聚焦。河南省深化高等教育综合改革,将重点聚焦于提升高等教育服务经济社会发展能力上。山东省分别针对推进高等教育、基础教育综合改革出台指导意见。地方政府对改革试点的分类管理、分类指导,既反映了教育综合改革复杂性、艰巨性不断增强的现实,也便于使承担试点任务的地方、单位获得更具专业性、更加精细化的指导服务。

其三,重视以评估、典型示范等非指令性手段促进改革成果推广。重庆市组织专家对所有市级改革试点项目进行督导评估,对取得成功经验的试点项目及时总结推广。江西省针对由于主体变更、客观上难以实施、社会影响较小导致难以继续试点的情况,取消了一批已立项项目,同时补充了一批涉及省教育重大战略、体现当前亟需解决的热点难点问题的项目。上海及时总结交流各区县、各高校深化教育综合改革的举措和成效,梳理汇总可复制、可推广的改革经验,分区县和高校发布了教育综合改革典型案例。典型案例评选、试点项目淘汰等措施,将对试点单位产生激励、鞭策等效果,也有助于引导各方确立对于"何为成功的教育综合改革"的普遍认同。

教育综合改革的复杂性在于,它处在一个更加宏大的社会变革进程中。为了发现教育改革的意义,已有经验是将其"置于社会背景之下",把它的动力理解成"一种社会政治过程"[1]。新一轮教育综合改革是在外部环境变化与教育自身变革动力共同驱动背景下,对教育发展方式转型的一种整体探索。党的二十大报告提出,"深化教育领域综合改革,加强教材建设和管理,完善学校管理和教育评价体系,健全学校家庭社会育人机制"。这是继党的十八届三中全会对"深化教育领域综合改革"进行总体部署以来,党中央对教育综合改革的又一次重大部署。这意味着,新阶段我国教育综合改革将围绕"培养什么人、怎样培养人、为谁培养人"的根本问题,以基础教育领域为重点向纵深推进。教育综合改革的有效实施,需要在开放的教育治理环境下以系统、综合的思路决策、部署、实施,突破外部模式迁移或自我寻求突破的单一逻辑,为各方主体独立地表达改革诉求创造条件,主动寻求外部社会系统的支持。

---

1 [加]迈克尔·富兰.教育变革的新意义(第四版)[M].武云斐,译.上海:华东师范大学出版社,2010:7.

第二章 教育综合改革的基础理论

作为一项复杂的活动,教育综合改革既表现出了社会领域综合配套改革的行为特征,也受到"教育"作为一种特殊人类活动自身规律的制约。因此,需要从必要的理论分析着手,辨析"教育综合改革"的涵义,揭示与其他社会领域改革特征的差异性。

第一节 教育综合改革的涵义辨析

自最初部署以来,教育综合改革实践面临着难度不断增强的挑战。从根源上,人们对一般教育改革活动的固有认知,直接影响着对教育综合改革主体、目标、方法的设计和安排。只有深化对教育综合改革内涵的认识,才能加强对改革性质、要素、推进策略的把握,避免对"教育综合改革"概念和理论的错误领会和应用。

一、教育综合改革的主要认识与实践误区

教育综合改革需要积极应对教育系统外部环境变化,实现与经济体制改革、社会文化改革相互协调。不同于一般的行政管理活动,教育综合改革是对地方政府的制度创新、制度供给能力的考验,对决策机制、组织策略以及指导、评估、反馈等方面能力提出要求。通过对教育综合改革实践观察发现,各地在组织策略、改革方法选择、支持服务体系建设方面上存在一些认识和实践误区。

首先,对教育综合改革重点任务的认识,存在一定偏差。组织实施过程中,一些地方对教育综合改革的功能定位出现了偏差:一是忽视了实施教育综合改革与落实教育发展规划的区别,将综合改革方案的落实等同于实施教育发展规划。教育发展规划是

战略目标指导下经过科学论证的行动方案,具有更强的可操作性,而教育综合改革重在通过多方参与和不断探索,在重点领域、关键环节"产出"新制度、新政策。二是对"综合"方法的涵义理解发生了偏差。不少地方对教育综合的设计拓展了改革范围而忽略了内在的联系。如有研究指出,当下的教育改革存在以"全面"代替"综合"的偏向,表现为看似在教育改革对象上囊括了改革的方方面面,但却并未体现出不同方面的改革之间究竟有何关系、如何统筹、何以评价等[1]。三是一些地方的教育综合改革方案仅仅提出了改革任务,缺乏对改革路径、方法、保障等要素的系统设计,导致改革任务无法落地。好的教育综合改革方案,既要任务明确,也要路径、方法可靠,如果不能对改革路径、方法、保障进行专业、精细的规划,改革方案最终将会沦为一张无法施工的"工程图"。

其次,回应社会需求、着力解决本地区重大现实问题的目标,在实践中有所弱化。习近平总书记指出,"改革是由问题倒逼而产生,又在不断解决问题中得以深化"[2]。新的历史阶段,教育综合改革的一个重要动因在于,提供高质量、多样化的服务,更好地满足社会公众不断变化的教育需求,因此需要地方政府、基层单位大胆试验,也需要社会组织和公众积极参与。各地在设计改革方案中的一些现象需要引起关注:一是,不少地方提出教育综合改革重在解决本区域实际问题等要求,但在实践中将注意力过多放在落实上级改革要求上,而将本地区需要解决的现实问题"淹没"其中。二是,没有准确反映本地区、本部门的现实需求、主要诉求。许多地方在改革方案中提出了体现学校教育改革特征,但在实践中由于过分强调对上级改革方案的落实,而忽略了既往学校教育实践中的攻坚性问题。三是,市场、社会有关组织有序参与教育综合改革的"通道"和机制尚未形成。有的改革项目运用了社会调查、家长听证等方法,但是公众、社会组织的常态化、深入参与机制尚不完善。对此,需要树立完善治理体系与治理能力的思维,从社会大系统的视野进行改革任务布局和组织,让教育综合改革全面反映基层单位、社会公众的改革诉求,使教育综合改革获得广泛社会支持。

---

1 高耀丽,应望江.迈向教育现代化之路:上海市教育综合改革进展报告(2014—2019)[M].上海:上海教育出版社,2021:14.
2 习近平.关于《中共中央关于全面深化改革若干重大问题的决定》的说明[J].求是,2013(22):19—27.

再次,对于如何为教育综合改革提供专业支持,并未找到有效方法。组织教育综合改革不同于一般的行政管理活动,是一种专业属性较强的活动,因此需要建立相应的支持服务体系。目前,尽管下级政府和各级各类学校的作用得到了重视,但受"部署""推进"等传统思维的影响,试点单位的主动性、创造性仍没有得到充分发挥,专业机构、社会组织参与提供专业服务的机制尚未形成。因此,有必要在技术手段运用上加强对改革试点进展和成果的全面科学评估,运用专业方法获取由于改革实施而引起的利益相关者感受变化,及时调整改革方法和策略。从服务支持提供主体看,地方政府要重视引导专业机构、社会组织积极参与,协调好行政力量、专业力量、社会力量的关系,发挥专业机构、社会组织在教育综合改革指导和服务方面的独特优势。

最后,对于制度创新和制度供给中的跨部门协调机制,未能予以重视。对照"推进教育治理体系与治理能力现代化"的总目标,地方政府要在战略部署层面确立"治理"思维,探索适应改革环境变化的教育综合改革组织策略与技术方法。随着教育综合改革的不断深入,制度创新的重点和难点将主要集中在部门政策衔接方面的"技术性协调"。目前,各地改革方案普遍提出了"制度创新"要求,但是科学、有效的跨部门制度创新成果较为匮乏。就行政力量而言,习惯于用行政权威的力量组织改革活动,还没有充分发挥制度对改革实践主体的激励作用。如果不能在关键环节制度创新上实现部门协同,已经建立的政府牵头的教育综合改革协调机制的效果也会大打折扣。具体任务包括:一是建立不同"微观改革主体"之间的制度化协调机制,为学校与其他教育机构、社会组织之间的合作协商提供制度安排;二是重视发挥好政府各职能部门间的主动合作、协同决策对于破解关键环节制度攻坚难题的作用。攻坚性的制度创新,要重视通过"技术性协调",打通教育与其他职能部门政策设计中沟通、衔接不畅的"瓶颈"。

二、 辨析"教育综合改革"涵义的几个基本问题

国内外经验表明,教育改革认识不够深入,是导致改革实践循环往复的重要原因。国际范围内很多人用"无休止的改革""钟摆式改革"形容教育改革。美国学者霍尔和霍德在《实施变革:模式、原则与困境》一书中指出,教育改革实践中存在着"钟摆现

象":某一变革先是被采纳、实验,接着被拒绝——然后在几年之后再以一种新的提高的方式被重新采纳[1]。这反映了,人们对教育改革能取得怎样的效果的认识,并不稳定。教育综合改革作为一种新生事物,如何全面认识并有效加以运用,面临着更大挑战。对此,在以往实践中,"渐进式"改革常被视为规避改革风险的一种策略。但是,降低改革成本过度投入、提高改革实际成效,需要从源头上深化对于教育综合改革涵义、性质的认识。针对认识与实践的主要误区,应回答好以下问题。

(一)"摸着石头过河"还是"有计划的变革"?

辨析涵义面临的首要问题是,"教育综合改革"属于"摸着石头过河"的改革还是"有计划的变革"?实质上是要回答:教育综合改革的目标在多大程度上可以被预先设定,在实施过程中如何得到准确传递而不发生偏离,目标实现如何不被既有利益格局阻滞。具体需要面对以下问题:

一是,改革目标的清晰界定问题。能否从根本上解决教育发展中的突出问题,是衡量教育综合改革目标实现的主要标准。新一轮教育综合改革坚持问题导向的逻辑,将破解教育发展难点问题作为重要目标。以更广阔的视野来看,问题导向还要求改革反映我国经济社会发展阶段性的要求。在改革实践中能否遵循"问题导向"原则、能否始终聚焦改革本身的"目标",存在着特定影响因素:一方面,首先需要面对能否找到"问题"的影响。从改革决策层来看,"努力办好人民满意的教育"可被视为教育领域综合改革的总目标、总任务、总要求[2]。《决定》在"推动社会事业改革创新"部分,将教育的改革与发展作为"人民最关心最直接最现实的利益问题"。但是,这些原则在一个地区的具体改革项目中,能否被转化为具体而真实的"问题",存在着不确定性。另一方面,需要面对目标能否被末端改革实践者所感知的问题。以往每一时期的教育改革从政策制定、政策实施、效果评价到保障机制都是从中央到地方、从政府到学校、从学校到教师逐级传递,分级执行[3]。这导致末端的参与者,并不清楚改革面临的真实问题。霍尔和霍德在研究中也发现,实施变革的行动者需要有很大的耐心和毅力,为了让变革

---

[1] [美]吉纳·E.霍尔,雪莱·M.霍德.实施变革:模式、原则与困境[M].吴晓玲,译.杭州:浙江教育出版社,2004:25.
[2] 刘自成.综合改革 教育改革的新方向新路径[N].中国教育报,2013-1-4(6).
[3] 石中英,张夏青.30年教育改革的中国经验[J].北京师范大学学报(社会科学版),2008(5):22—32.

实施获得成功,"他们必须恰当地处理每一个问题,以防止问题由小变大"[1]。这也为我们避免问题偏移、避免"制造"新问题等改革困境的产生提供了启示。克服上述影响,取决于如何认识改革针对的"问题"及其如何被转化为"目标"等技术问题。掌握好相应的技术举措,可以使改革实践者、决策者不会在纷繁的实践中迷失方向。

二是,改革目标的偏移问题。教育综合改革过程中发生的"目标偏移",存在着深刻且难以克服的思想根源,面对着多种复杂情境。第一种情形是,行政部门公文和实际工作中的"教育改革"经常被等同于"教育发展",这将使已经设定的技术化"教育改革目标"被替代为"教育发展目标",从而在不知不觉中走向目标完全偏离;第二种情形是由于改革决策和组织实施分属不同层级、不同主体,需要在改革组织实施过程中强化不同层级、不同主体对于改革目标的认同;第三种情形则是教育改革目标和任务界定中的限度问题。即人们常说的改革在解决问题的同时也"制造"问题。有学者指出,教育改革"制造"问题的主要症结在于,改革实践存在着对问题解读的"无限度"现象和对问题解决的"无止境"现象[2]。因此,一方面要从专业视角认识改革希望解决的问题,回到问题本身,避免无边界地解读问题与解决问题;另一方面要避免被"连带"的问题干扰改革实践的视线。

三是,既有利益格局对目标实现的干扰问题。进行深水区的教育综合改革,面临着能否冲破思想观念障碍、突破利益固化藩篱的现实挑战。习近平总书记对改革实现创新突破方面如何解放思想提出了要求,"在深化改革问题上,一些思想观念障碍往往不是来自体制外而是来自体制内。思想不解放,我们就很难看清各种利益固化的症结所在,很难找准突破的方向和着力点,很难拿出创造性的改革举措。"[3]改革预期对改革活动过程影响的复杂性体现在,综合改革并不只是某个"利益单元"作为改革主体,而是由多个作为"利益单元"的组织,以及相互影响状态下"利益单元复合体"的改革预期构成的。

---

[1] [美]吉纳·E.霍尔,雪莱·M.霍德.实施变革:模式、原则与困境[M].吴晓玲,译.杭州:浙江教育出版社,2004:8—9.
[2] 郝德永.教育综合改革的方法论探析[J].教育研究,2018(11):4—11.
[3] 习近平.关于《中共中央关于全面深化改革若干重大问题的决定》的说明[J].求是,2013(22):19—27.

(二)"宏观改革"还是"微观变革"?

辨析"教育综合改革"涵义需要面对的另一个问题是,在层次上其属于"宏观改革"还是"微观变革"?社会领域综合改革最初是指改革内容不再是若干领域的单项推进,而是要注重突出改革涉及要素的系统性、关联性。但是,由于教育综合改革主体处于不同层级,产生了改革意愿、诉求在不同层级主体之间的传递,由此带来了"谁的改革""谁来改革"等绕不开的问题。

针对"谁的改革""宏观改革"还是"微观变革"的问题可以被转化为:满足"谁"的需求、关系"谁"的利益等问题。教育领域并不存在纯粹意义上的"宏观"变革,教育改革总是以班级、学校微观层面的行为变革作为主要表现,甚至可以说,班级、学校微观层面的行为变革,原本就是宏观改革的主要目的。本研究认为,教育综合改革的成功实施和改革目标的实现,需要以微观的局部变革作为基础条件。进一步回答教育综合改革属于"宏观改革"还是"微观变革"的问题,关键在于如何认识并正视"微观主体"的作用。"微观主体"最初是经济学关于制度变迁研究的基本概念,在教育综合改革中"微观主体"是指处于改革组织体系末端,其成员有着共同利益诉求的一个独立的改革单位,比如承担试点任务的某个政府职能部门、一所学校、一个教研组等。微观主体参与对于综合改革运行机制的影响,表现为改革需求产生于微观主体并自下而上传导,教育实践者表达改革需求的机会相应增加,理想的情形下在改革方案设计过程中微观主体也将获得一定参与机会。

针对"谁来改革""宏观改革"还是"微观变革"的问题可以被转化为:"谁"将在改革中"出场"、如何"出场"等问题。富兰针对大范围变革中自上而下、自下而上效果均不理想的两难问题,提出应实现自上而下与自下而上两种变革的协调和联合,并将这种策略概括为"同时关注结果的能力建构"[1]。从国家部署策略来看,综合改革已经超越了单纯对要素多元和相互关联的要求,还体现为对参与主体、组织推进机制、成果推广范围等方面要求的变化。在这一过程中应充分认识到,微观主体的"出场"是教育综合改革的基本条件,微观行动主体的需求是教育综合改革得以持续推进的主要驱动力。

---

1 [加]迈克尔·富兰.教育变革的新意义(第四版)[M].武云斐,译.上海:华东师范大学出版社,2010:9.

本研究认为,对于新一轮教育综合改革,不仅很难做出宏观、微观的严格区分,同时还需要对二者加以整体考虑、形成紧密联系。国际上存在着协调宏观改革与微观改革的普遍趋势,富兰认为两类改革具有密切关系,难以被割裂开来[1]:局部改革"最能显示出改革的能力",整体改革则需要政府"引路、指导和支持"。新一轮教育综合改革,应重视对宏观与微观改革的整体设计、协同推进,同时还应通过程序、方法的变革,优化宏观层次改革决策、设计对于微观层次改革需求的辨识和满足,及时将微观层次的实践成果提升至宏观层次,实现宏观与微观的有机联系、相互支持。

(三)"增量变革"还是"存量变革"?

辨析"教育综合改革"涵义面对的第三个问题是,关于"增量改革"与"存量改革"的性质之争。一段时期内,教育综合改革任务面临着无所不包的趋势,带来了"教育综合改革"在内容维度上的"改革什么"的问题。

改革开放40多年来,经济、社会和政治改革的目标、任务的变化,对教育系统强化自我革新意识、优化改革策略提出了要求。经济社会发展不仅仅为教育改革创造外部环境,还会转化为教育系统的自身变革要求。由于相对滞后于其他领域改革,我国教育体制改革中的利益冲突逐步凸显。进入新的历史阶段,在经济社会发展推动下人民群众从外部提出新的教育需求,与教育发展积累的矛盾发生了叠加,使改革任务的复杂程度和性质发生了变化。一方面,这一阶段,教育需求结构和性质的变化孕育了教育改革的新动力,随迁子女入学权益、义务教育公平问题、招生考试制度等改革推进要求日益迫切;另一方面,教育需求结构、性质变化还对教育改革的参与主体、路径与方法变化提出要求,要求实施以制度创新为重点的改革。这将成为回答"增量存量"性质问题的一个突破口。由此,如何有效满足社会公众对教育服务的多样化、个性化需求成为新一轮教育综合改革的重要课题。

国内外研究者对"教育综合改革"涵义的领悟,面临着共同的难题。瓦克斯对"根本性教育变革"(Fundamental Educational Change)进行了重新定义,认为这种变革不是发生在组织层面,而是在制度层面。概括而言,无论是行为模式还是可操作思想,

---

1 [加]迈克尔·富兰.变革的力量——透视教育改革[M].中央教育科学研究所,加拿大多伦多国际学院,组织编译.北京:教育科学出版社,2004:2(序3).

"根本性教育变革"都表现为构成一个系统基础的基本原则、规范或规律的变化[1]。库班(Larry Cuban)在 Paul Watzlawick 等定义的"一阶变革"和"二阶变革"概念基础上,分别赋予了它们"增量变革"和"基本变革"的标签,认为一阶变革或"增量变革"不涉及组织目标或结构的改变,假设现有的目标和结构是充分和可取的,因此变革的目的不是改变结构,而是维持它的现状;二阶变革或"存量变革"是结构性的,原因在于"引入了新的目标、结构和角色,并将人们熟悉的履行职责的方式转变为新颖的解决方案"[2]。国内也有研究者指出,"剩下的大都属于牵涉因素非常复杂的难点问题,但挡在教育发展途中,绕不开、躲不过"[3]。在国内改革研究领域,"存量改革"常被形容为"深入区"改革、"攻坚"改革。有学者通过对教育改革与发展重要领域和主要问题分析指出,教育改革逻辑发生了变化,即从单纯通过增量而解决问题发展为一种总体上的存量的改革[4]。这就需要思考,"教育综合改革"何以能够满足"存量变革"的要求?习近平总书记指出,"对改革顶层设计的要求更高,对改革的系统性、整体性、协同性要求更强,相应地建章立制、构建体系的任务更重"[5]。在官方文件中,经常将"教育综合改革"与"体制改革"联系在一起,有时被比喻为"四梁八柱"的改革。由新时代改革开放更加重视制度变革的特点决定,教育综合改革也将面对更多深层次体制机制问题。

总之,"增量变革"还是"存量变革"的问题,实质上是如何认识新的要素加入后引起的要素间关系变化问题,及其对改革目标实现的影响。作为一种系统、规范的改革方法,教育综合改革有自身独特内涵,正是从拓展参与主体、优化路径选择、展示价值诉求上提供了一套系统化的行动工具,由此也能够将保障教育改革与社会改革目标的一致性、协调性的"重任"落实。与本世纪以来社会领域综合配套改革相似,教育综合改革的复杂性不仅表现为改革内容涉及的要素具有多样性及密切关联性,更加体现在,如何确定改革主体,形成为各方认可的改革预期,改革组织推进、成果认定推广等

---

[1] Leonard J. Waks. The Concept of Fundamental Educational Change [J]. Education Theory, 2007, 57(3): 277-295.
[2] Larry Cuban. What Happens to Reforms That Last? The Case of the Junior High School [J]. American Educational Research Journal, 1992, 29(2).
[3] 张力. 深化教育领域综合改革拉开历史性一幕[N]. 中国教育报, 2015-12-11(1).
[4] 谢维和. 中国教育改革发展新阶段及其主要特征[N]. 中国教育报, 2014-5-16(6).
[5] 习近平. 关于《中共中央关于全面深化改革若干重大问题的决定》的说明[J]. 求是, 2013(22):19—27.

行为要素如何与之配套。

在推进治理体系与治理能力现代化的意义上,教育综合改革可以被视为我国新阶段教育发展模式的一种新探索,其本质特点与"制度创新"密切关联,由此与国家推进"治理体系与治理能力现代化"建立起了联系。教育综合改革可被视为教育领域在现有制度供给与需求不一致状态下实施的系统的制度变迁行为。由于已有改革要素获益空间已经很小,必须对原有制度进行局部调整,才能使原有制度重新获得最大的净收益。特别是在涉及不同部门利益或不同领域制度时,由于制度相互分割或排斥严重阻碍着改革推进,教育综合改革必须直面这一攻坚难题。

在对以上基本问题形成认识的基础上,本研究将"教育综合改革"定义为:在社会改革系统性要求增强背景下,为有效满足社会教育需求和教育系统自身变革要求,由多方主体参与的,通过系统的制度创新和制度供给协调各方主体利益,进而实现改革预期的一种教育改革模式。相应地,本研究采取分析要素相对简约的策略,从改革主体、改革预期、改革方法等要素入手对教育综合改革概念进行界定。在图2-1中,以椭圆形呈现的三项基本要素及其状态属性、结构关系,是判断一项教育改革是否属于综合改革的要件。

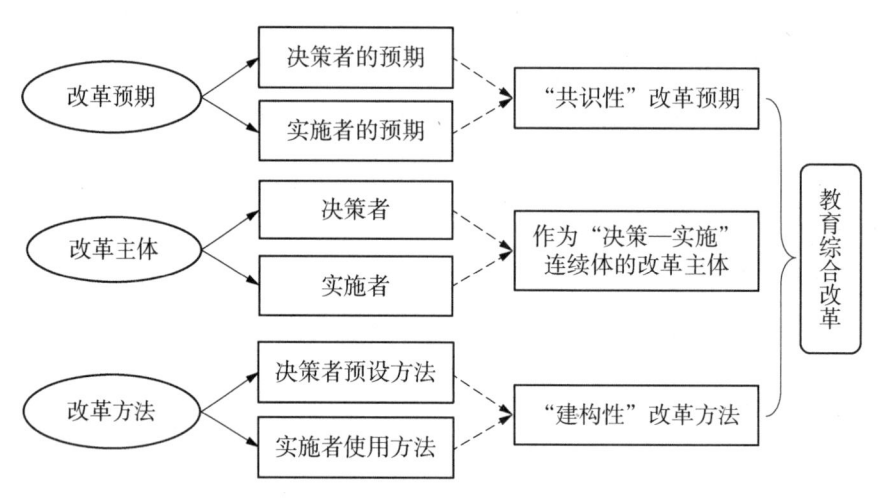

图 2-1 教育综合改革活动基本要素示意图

第二节 "制度创新"与地方政府的教育综合改革职责

综合改革是进入满足人民群众需求新阶段以来,探索教育发展模式的重要路径。在我国教育改革指导思想和方法论重新构建过程中,制度创新在改革方案设计的核心作用日益突出,"制度"被赋予在所处环境中发挥自身功能的期待。

一、教育综合改革中"制度创新"的基本问题

《世界发展报告 2017》指出,制度通过发挥"承认""协调"和"合作"三大职能影响政策的实际效果[1]。改革发展到制度均衡与非均衡临界转换阶段,对于制度支撑条件的依赖性日益增强,改革者必须超越以往供给约束阶段的思路,逐步从如何增加资源供给总量、优化资源配置方式发展为结构调整、与已有政策关联以及系统性的制度供给。对其的回答关系到制度设计中谁应该首先进行制度创新、谁应该参与制度创新、谁是评判制度创新成果的决定力量。为此,通过与以往教育改革路径方法的比较我们试图描绘一幅教育综合改革过程中制度创新过程的"基因图谱",由此揭示"教育综合改革"中制度创新的要素及其实现过程。

(一) 谁是制度创新的"初级行动团体"?

改革主体,即参与教育综合改革方案制定及实施的组织和个人,是教育综合改革过程中制度创新的重要推动者。对于教育综合改革的全面分析,面对的主要问题是:"决策者"与"实践者"之间存在清晰的界限吗?与之相关,还包括:"决策者"与"实践者",谁将对改革中的制度创新产生更深入的影响?

教育综合改革主体面临着以下几个方面变化:一是扩大参与主体范围,适应新的发展阶段教育治理环境变化。1978 年以来,我国每一时期教育改革的主体都是政府,政府始终在教育改革中担负着决策者、实施者、评判者的多重角色,各级政府教育行政官员处于改革的核心、主导地位。在教育治理的理论视野中,这种单纯由政府主导改

---

[1] 胡光宇,赵冰.世界发展报告 2017:治理与法律[M].北京:清华大学出版社,2004:7—8.

革的局面需要发生变化,既要求各层级政府及职能部门和学校教育机构等主体参与改革,也要求社会和市场领域的个人和组织以适宜方式参与改革。二是更加注重多方主体的平等参与与相互合作。教育综合改革的组织实施主体从以往教育行政部门上升为各级地方政府,需要决策者、实践者、利益相关者共同参与,参与改革试点的既包括政府相关职能部门,也包括各级各类教育机构、社会组织等。其中,教育机构及社会公众的权益诉求是教育综合改革得以持续深入的动力。地方政府要明晰自身和其他参与方的责任,处理好政府主导与社会广泛参与的关系,激发社会参与改革的动力。三是重视位于中间层级的改革主体在制度创新中的作用。杨瑞龙分析了自上而下的改革在面临障碍情形下制度创新主体变化的特点,提出了实现"微观主体之间的自愿契约"与"权力中心的制度供给行为"之间的结合与互动,应发挥具有独立利益与拥有资源配置权的地方政府的作用[1]。教育综合改革主体得到拓展后,事实上是希翼纵向上不同层级的改革主体,包括一级地方政府、某一职能部门、某所学校,均可以发挥这种作用。

对于制度变迁主体,卢现祥将其进一步区分为"初级行动团体"与"次级行动团体"[2],它们均是独立的"决策单位",但在制度变迁安排上具有不同影响:前者的决策"支配了制度安排创新的过程""启动了制度安排创新的进程",前者是制度变迁的创新者、策划者、推动者;后者是做出用于帮助初级行动团体获取收入的制度安排变迁的决策,是制度变迁的实施者。由于教育领域改革活动的特殊性,对于某项具体改革项目中的"初级行动团体"与"次级行动团体"的区分,它们对制度创新的影响相似,但制度创新的收益不同于经济活动,以公共利益为主要形态。由此来看,教育综合改革中的制度创新过程远比经济活动中复杂,在实证研究中将做进一步阐述。

谁担当初级行动团体、谁担当次级行动团体,也是国际范围内教育改革研究者共同面对的一项难题。比如,霍尔与霍德对于"开发变革"与"实施变革"的行动者作了精细区分,提出了"变革的开发与实施在所需要的条件上有着明显的区别"的变革原则。他们在实证研究中在"改革促进者"这一抽象群体中区分了"开发"与"实施"两种不同

---

1 杨瑞龙.我国制度变迁方式转换的三阶段论——兼论地方政府的制度创新行为[J].经济研究,1998(1):5—12.
2 卢现祥.西方新制度经济学(修订版)[M].北京:中国发展出版社,2003:93.

的任务:前者表现为创造、检验和系统提出一项新事物、新方法的所有步骤;后者则表现为学习如何运用一项新事物中的所有步骤和行动[1]。实践中,开发者在其任务完成后往往会将注意力转移到其他行政或研究事务中,决策、设计改革项目只是其职责之一,而实施者则不同,他们需要在较长时间周期内在实施改革上投入热情和精力。总体上,可以将霍尔与霍德区分的"开发者"与"实施者"等同为"初级行动团体"与"次级行动团体"。处理教育综合改革中政府职能部门、学校,以及市场、社会参与主体的关系,核心任务是区分"开发者"与"实施者",在此基础上建立各方主体之间的"合作"机制。教育综合改革活动中,地方政府职能部门之间的合作、学校教育机构之间的合作,属于性质相同主体之间的合作,而政府职能部门和教育机构、社会组织之间的合作,属于性质不同主体之间的合作。但是,这些主体间的"合作"并非自然形成的,而是经历了从相互分离向共同合作的发展过程。这预示教育综合改革面临着,如何促进和实现改革责任不同的多种行动者之间观念达成一致、行动协调一致等深层次课题。

(二)如何将"改革预期"转化成为制度创新的具体目标?

教育综合改革活动可以被理解为围绕形成、实现"目的性"的一种系统的"制度变迁行为"。新制度经济学的制度变迁理论认为,"如果组织或操作一个新制度安排的成本小于其潜在制度收益,就可以发生制度创新"[2]。有研究指出,与以往增量改革的逻辑比较,存量的改革由于涉及已经形成的各种不同的利益集团,往往在改革的目标和措施上难以形成高度共识,因而可能具有更大的成本,甚至会因为复杂性程度高、影响因素多而存在一定的风险[3]。由于处于制度均衡与非均衡临界转换阶段,综合改革日益突出制度创新对促进改革预期实现的作用。因此,通过"制度关联"或政策协调弥补某项单一制度的功能局限,供给改革深入推进所需的新制度,可以被视为教育综合改革的核心任务。而能否在不同主体之间形成共同的"目的性(purposiveness)",则是制度创新的根本价值所在。在"改革预期"向制度创新技术目标转化过程中,需要充分认

---

[1] [美]吉纳·E.霍尔,雪莱·M.霍德.实施变革:模式、原则与困境[M].吴晓玲,译.杭州:浙江教育出版社,2004:8.
[2] 杨瑞龙.我国制度变迁方式转换的三阶段论——兼论地方政府的制度创新行为[J].经济研究,1998(1):5—12.
[3] 谢维和.中国教育改革发展新阶段及其主要特征[N].中国教育报,2014-5-16(6).

识制度创新涉及的活动、目的、参与主体等基本要素的特点,促使其朝着有利于制度创新目标的方向发展。

首先,制度创新涉及的教育活动要素是系统的。在经济学中,制度被认为是天赋要素,是技术和偏好等一般要素发挥作用的条件。也就是说,有了制度其他要素才得以发挥功能。制度安排在起点上包含着综合性的考量,是理性的和建立在统一的价值基础上的,有着明确而又统一的目标指向,因而"赋予一切解决具体矛盾和处理具体问题的方式方法以系统性的内涵"[1]。制度安排涉及的要素具有系统性,表现为:一是同一要素表现形式的多样性。如公共教育管理职能调整涉及政府、学校、社会、市场等多种主体。转变管理职能就是要对各主体间相互关系进行调整和规范,其制度安排也应该系统设计,综合考量三者之间的关联性和制约关系。二是要素资源的关联性。教育活动的要素资源包括教育劳动(人力和时间投入)、教育资本(实物资本和货币资本投入)、教育技术(智力劳动投入)。只有通过特定制度安排这些独立的要素才能使之发生关联并对教育运行产生结构性影响。富兰通过总结实践经验告诫人们,对教育变革行动的总体框架的作用应有清醒认识,"那些'理性设计'的策略在面对人的问题和教育变革的意义问题时并非如此理性"[2]。三是制度规约对象是同一类属的整体。作为人类相互交往的规则,制度以个体或组织行为为规约对象。制度安排主要是为解决教育现实中具体的矛盾、冲突和问题,规范具体的行为。在作出制度安排后,作用对象是同一矛盾、问题的集合,规范的是相同的所有行为,是行为的抽象集体。教育组织中制度发挥作用,表现形式上制约的是部分个体,影响的是部分个体的利益,而事实上它内在地对组织内的全部个体发生作用。

其次,制度创新涉及的目的要素具有系统性。有不少人认为,当前教育改革的重点在于能否引入新的要素资源或实现资源优化组合,地方政府和教育行政部门也十分重视经费、技术等资源"输入"。在特定时空内,这些要素的输入能够转化为教育产出效益。但是,当对这些资源的依赖超过一定限度,或者资源输入与现行制度发生冲突时,其积极效应往往会被消解,使实践者陷入两难境地。学校在推进课程改革中遇到

---

[1] 张康之.行政改革中的制度安排[J].宁夏社会科学,2000(3):23—32.
[2] [加]迈克尔·富兰.教育变革的新意义(第四版)[M].武云斐,译.上海:华东师范大学出版社,2010:11.

的困难,就是单纯技术层面的变革与教育制度(包含学校制度)转型尚未跟进发生冲撞的集中体现。政府、学校必须确立制度安排意识,推进制度变革与创新,为教育观念、技术、方法等要素变革创设新的、更广阔的效益空间。因此,一项制度安排在目标确立、内容选择等方面应具有系统性。

再次,制度创新的参与主体具有多样性和互动性。教育综合改革中的制度创新需要不同层级多种类型的主体参与,其中微观主体与改革决策主体针对"改革预期"能否形成共识,是影响制度创新的关键要素。为此,制度创新目标的实现需要重视改革主体轴线上的两个端点——"个体"与"改革决策者"之间的相互影响关系。国内外变革研究普遍揭示了"个体"在制度创新过程中的作用。富兰提出的关于变革的第八项启示,重视个人变革的力量,把它看作是"通向制度变革的通道"[1]。进一步按照新制度经济学的认识,"初级行动团体"和"次级行动团体"的相互作用构成了制度创新的复杂机理,既要重视初级行动团体的策划、推动作用,也要重视次级行动团体作为独立决策单位对制度变迁实际进程的影响。因此,更加重视微观主体参与并协助制度创新实现的作用,更加重视制度创新对于"初级行动团体"和"次级行动团体"的共同依赖性,是新一轮教育综合改革的一项重要特征。

(三)制度创新目标实现需要怎样的改革策略?

进入攻坚阶段以来,改革的突出特点是对于制度的解构和建构,可以说综合改革是改革者围绕制度需求而自发建构制度、供给制度的实践。中央政府给予改革试验区的是改革的权利,而不是改革任务本身。有学者将综合改革视为"一种制度变迁内生化的变革模式",表现为制度变迁的行为主要是通过综合配套改革试验区的社会主体进行的,通过不断的制度变迁行为,形成有效的制度变迁累积创新机制[2]。综合配套改革的制度变迁内生化是指改革试验区在中央政府指导下,针对当前国家和区域自身发展中存在的重大、重点问题进行改革和试验,根据本地区实际自发进行制度创新的过程。因此,有别于一般教育改革,推动关联性、系统性的制度创新是教育综合改革方法

---

1 [加]迈克尔·富兰.变革的力量——透视教育改革[M].中央教育科学研究所,加拿大多伦多国际学院,组织编译.北京:教育科学出版社,2004:52.
2 王家庭,张换兆.国家综合配套改革试验区与以往改革模式的异同点分析[J].中国科技论坛,2008(5):98—101.

的中心任务。由此,教育综合改革需要采取与之相应的行动策略:

其一,发挥授予试点单位"先行先试权"的激励效应。延续本世纪以来国家部署综合配套改革的"试点"策略,教育综合改革在项目部署上同样运用了"试点"方法,即通过申报、评审等程序,赋予部分地区和学校在某些改革项目上的先行先试权。决策层也意识到改革对原有格局调整可能带来的风险,为此提出,"先在点上取得突破,才能减少和消除阻力,控制可能存在的风险,留出后续完善的空间"[1]。许啸雨将"先行先试"解释为,"一个权力系统范围内,在权力机关没有制定统一的政策或者制度之前,先在局部或者低层次权力范围内进行相应的试验,通过实践总结出试验的得失及成果,然后再结合社会实际对政策和制度进行修改完善的活动"[2]。授予"先行先试权"是综合改革组织者对试点单位采用最多的一种激励手段。当然,这种权力的授予也需要配合一套系统措施,对其可能产生的风险进行控制。例如,试点内容严格限定在规定的领域和范围内,试点方案需要经过"权力授予者"即改革组织者审批,试点成果经过严格的认定后获得合法地位。

其二,促进不同改革参与者之间建立合作关系并形成常态化机制。地方政府要建立合作性制度创新环境,为政府与学校、学校与其他教育机构、社会组织之间的合作提供激励。以往自上而下的教育改革路径的负面效果是,"容易滋长下级部门、大中小学校和老师们'自主改革的惰性',逐步丧失自主改革的积极性、主动性和创造性"[3]。霍尔等提出所有变革参与者都应该在思维方式上进行变革,提出"用一种水平的变革范式来替代表现为'自上而下'或'自下而上'的垂直的变革范式"[4]。教育综合改革由于其特殊使命,需要吸取以往教训改变这种自上而下的改革路径,探索与多方主体参与相适应的改革方法,核心是促进多方主体之间"合作"。这些改革方法均以提高改革参与主体的改革意愿、改革能力,促进改革主体之间合作为基本功能。

其三,重视发挥非正式制度对制度创新关键进程的影响。制度一般分为非正式制

---

[1] 刘延东.在贯彻落实全国教育工作会议精神和教育规划纲要部署实施国家教育体制改革试点工作电视电话会议上的讲话[N].中国教育报,2010-9-16(1).
[2] 许啸宇.综合配套改革实验区的"先行先试"与地方自主权[J].法制与社会,2013(5):136—137.
[3] 石中英,张夏青.30年教育改革的中国经验[J].北京师范大学学报(社会科学版),2008(5):22—32.
[4] [美]吉纳·E.霍尔,雪莱·M.霍德.实施变革:模式、原则与困境[M].吴晓玲,译.杭州:浙江教育出版社,2004:13.

度和正式制度。通常认为,非正式制度是从人类经验中演化出来的,包括习惯、伦理规范、文明礼貌和商业习俗等;正式制度是由组织制定并对组织成员有强制约束力的规则。试验区在改革环境中的地位与塞尔兹尼克研究中的"田纳西河流域管理局"相似,对它的研究不应局限于正式结构层面,还要关注行动过程中与其他机构之间的互动[1]。新制度经济学对正式制度和非正式制度在制度功能生成过程中的相互关系予以了重视,认为正式制度只有得到组织成员认可,即与非正式相容的情况下才能发挥作用。"在'国家共同体'时代,以单向度的政府选择为特征的教育政策模式提供的主要是外在制度"[2]。因此,作出制度安排需要考虑外在制度的内生化,实现政府选择、市场选择和社会选择的平衡。公民参与社区事务管理甚至自治管理,通过对社区资源的利用逐步架构以公民为主体的新型公共管理架构。政府、市场和社区相互信赖、合作并制衡的理想的实现,有赖于两者的相互作用。

需要注意的是,我国教育综合改革与西方国家教育改革所处制度环境不同,它们对制度变迁方式具有不同影响。我国实行的是中央集权的国家制度,在改革决策方式、制度变革的自发性、制度创新成果的合法化机制方面与西方国家存在着较大差异。在制度变迁方式上往往具有较大设计性、较多主导性、较强革命性、较多强制性、较依赖于理性选择等特征[3]。这种特征同样表现在教育综合改革实施过程中,需要改革决策者在考察我国制度环境特点的前提下设计改革策略、选用改革方法。这表明,应从我国教育自身实际出发看待教育综合改革实施面临的问题,无法完全照搬发端于西方经济学体系的制度变迁理论。

二、 地方政府实施教育综合改革职责的有限性

(一)地方政府推动制度创新的主要依据

对改革开放以来我国教育改革发展的纲领性文件进行分析,可以描述教育综合改

---

1 [美]菲利普·塞尔兹尼克.田纳西河流域管理局与草根组织:一个正式组织的社会学研究[M].李学,译.重庆:重庆大学出版社,2014:6.
2 刘复兴.论我国教育政策范式的转变[J].北京师范大学学报(社会科学版),2004(3):15—19.
3 杨立华.制度变迁方式的经典模型及其知识驱动性多维断移分析框架[J].江苏行政学院学报,2011(1):74—81.

革制度环境的变化,揭示地方政府在教育改革中职责定位的变化。构成地方政府职责的依据主要表现在两个方面:

一方面,地方政府在教育综合改革中应遵循"分级负责"的法律规定,这可以视为"法理依据"。

教育法律法规是确定地方政府教育改革职责的直接依据。我国实行"分级负责"的教育管理体制,不同层级的地方政府承担不同的管理职责。在具体如何分级、如何定责上,在不同历史阶段有不同规定,1978年以来有关教育改革的重大纲领性文件对该职责的规定都在发展。

1985年,《中共中央关于教育体制改革的决定》提出了向地方政府放权的总体思路并做了具体规定,"基础教育管理权属于地方。除大政方针和宏观规划由中央决定外,具体政策、制度、计划的制定和实施,以及对学校的领导、管理和检查,责任和权力都交给地方。省、市(地)、县、乡分级管理的职责如何划分,由省、自治区、直辖市决定"。

1993年,《中国教育改革和发展纲要》进一步提出,"中等及中等以下教育,由地方政府在中央大政方针的指导下,实行统筹和管理。""省以下各级政府的权限,由省、自治区、直辖市政府确定",为地方政府自主实施管理提供了依据[1]。但从实践来看,我国长期以来形成的自上而下统一的管理制度仍然主导着教育管理,在制度创新上留给地方政府的空间有限。与经济、社会领域相比,地方政府在教育领域制度创新方面的作用并不突出,因而管理体制改革始终是历次教育改革纲领性文件提出的重要任务。

2010年颁布的《教育规划纲要》在以往强调"权力下放"的基础上,进一步明确了中央、地方政府的职责变化,即"中央政府统一领导和管理国家教育事业,制定发展规划、方针政策和基本标准,优化学科专业、类型、层次结构和区域布局。整体部署教育改革试验,统筹区域协调发展。地方政府负责落实国家方针政策,开展教育改革试验,根据职责分工负责区域内教育改革、发展和稳定。"依据这种分工定位,中央政府既要向地方政府"直接托付"部分重大改革任务,也要为发挥地方政府在教育综合改革中的主动

---

[1] 具体分工的规定为:国家颁发基本学制、课程设置和课程标准、学校人员编制标准、教师资格和教职工基本工资标准等规定;省、自治区、直辖市政府有权确定本地区的学制、年度招生规模,确定教学计划,选用教材和审定省编教材,确定教师职务限额和工资水平等。

性提供行动空间。据此,国家已经对地方政府组织实施教育综合改革的职责做了"诠释"。2010年国家教育体制改革部署体现了向地方政府下放改革权力的思路,除重大标准、重要制度的改革,以及复杂、敏感、系统性强的改革外,对一些重点领域和关键环节的改革,由省级人民政府和中央有关部门在国家指导下开展试点。这些要求衍生出的不只是具体落实改革任务,而是要求地方政府作为一级教育改革的决策者、组织者承担起更为系统、全面的职责。

另一方面,地方政府组织实施改革应遵循教育综合改革活动的自身规律,这可以被视为"实践依据"。

综合配套改革方案设计、实施以及制度供给等主要由作为改革主体的地方政府承担,遵循的是中央与地方合理分担改革成本的逻辑。这为教育综合改革中处理地方政府和中央政府的责任提供了现实的参照。就教育领域而言,改革权力让渡是对以往教育改革运行机制权衡利弊的结果,蕴含着决策层对新时期教育改革预期的变化。教育综合改革实施过程中,通过给予地方政府更大的改革主动权,把解决局部问题和全局问题结合起来。地方政府获得主动权的意义在于,"通过地方性知识和经验的积累,为解决全国共性难题、形成全国层面改革的整体战略提供参考和借鉴"[1]。这样改革中就能有效地避免中央设计者由于地方性知识不足而导致的改革设计的弊端。因此,确立地方政府教育综合改革职责的"实践依据"与"法律依据"遵循着不同的逻辑,可以概括为中央和地方合理分担改革成本。各级政府之间通过改革试点中的必要"放权",也使得被授权的下级政府在制度创新过程中获得更多改革"红利"。

(二)地方政府推动制度创新的主要职责

富兰提出了政府在改革中的三项职责,即推动绩效责任、指定激励措施及促进能力建构。他还指出,《国家处在危险中》发布以来政府对相关责任的履行并不理想,对于能力建设的推动很少产生直接影响。地方政府向地方部门施加巨大压力却很少给予他们帮助,这其实是在不断地增加负担,而且同时在消解地方所作出的努力[2]。实施教育综合改革要求地方政府从传统的"强势主导者"向新角色转变,即本地区教育综合

---

[1] 刘力,林志玲.国家综合配套改革试验区的布局条件与空间推进模式[J].城市,2008(2):8—12.
[2] [加]迈克尔·富兰.教育变革的新意义(第四版)[M].武云斐,译.上海:华东师范大学出版社,2010:182.

改革的"设计者、组织者和协调者"。让地方政府在改革中获得主动权的意义还在于，"通过地方性知识和经验的积累，为解决全国共性难题、形成全国层面改革的整体战略提供参考和借鉴"[1]。这种转变的实质在于，如何处理好"行政"手段和其他"专业"手段的关系，发挥它们各自的优势。使用专业手段，政府需要借助必要的外部力量，如专家、专业机构等。即使在使用"行政"手段时，也应该转变自身的观念和方式，需要与持续的对话交流、持久的培训、给与实施者足够的时间等行为结合起来[2]。回到"地方政府"这一具体对象，依据行政管理职能以及《教育规划纲要》目标，在决策改革目标、协调改革资源、促进制度创新、推广改革成果方面承担着的职责主要包括：

其一，改革决策职责。改革决策是通过改革预期的提出、改革方案的设计，引导本地区改革目标建立和改革共识形成的活动过程。现代治理倡导一种基于多元治理主体共识基础上的决策机制，作为实现治理行动协调一致的基础。由于教育综合改革更加重视来自教育机构与个人等微观主体的诉求，地方政府对教育改革的决策职责不限于依靠自身做出正确的决策，而是要通过决策重心下移，让更多微观主体参与到决策活动中。这可以避免政府及行政部门自身"单一主体决策"对于教育综合改革实施可能隐藏的风险。

其二，组织协调职责。组织协调是指行政部门从重决策向重协调转变，调配政府体系的优势资源，引导社会和市场资源，创新教育综合改革的组织实施体系。由于改革参与主体的多样性，地方政府在组织实施教育综合改革中的组织协调面临着能力上的挑战。有学者对未来我国的改革思路进行了描述，"有利于鼓励不同地区、单位在不同领域和方向上的尝试，以达到分散改革风险的目的；有利于分散决策过程，改变地方性社会矛盾冲突导向中央的倾向，从而减少中央政府承受的政治压力；有利于克服组织结构的局限性，以新的调控手段代替旧的行政组织纽带"[3]。落实好组织协调职责，要求地方政府明晰自身和其他改革参与方的责任，处理好政府主导与社会参与的关系，也要求地方政府善于组织动员专业力量参与改革实施，处理好行政力量和专业力

1　刘力，林志玲.国家综合配套改革试验区的布局条件与空间推进模式[J].城市，2008(2)：8—12.
2　[美]吉纳·E.霍尔，雪莱·M.霍德.实施变革：模式、原则与困境[M].吴晓玲，译.杭州：浙江教育出版社，2004：17.
3　周雪光.改革成功在于选择分散政治压力的途径[N].社会科学报，2013-8-29(3).

量的关系。运用专业方法获取由于改革实施而引起的利益相关者感受变化,及时调整改革方法和策略。

其三,制度供给职责。推动系统的制度创新是教育综合改革的重要手段,其中明确制度供给的责任主体是前提。地方政府以微观主体代表的身份,承担本区域制度创新和制度供给的任务,并向中央政府传递微观主体对制度创新的需求。杨雪冬认为,地方政府在制度创新方面承担着双重角色,"地方治理改革为国家层次的制度创新提供了经验基础和主体条件。成功的制度变革是需要设计的,但必须以实践经验为基础,并获得治理实践主体的承认和贯彻。"[1]制度供给方面的优势,决定了政府在教育综合改革的制度创新活动中的特殊地位。首先,与学校、企业、社会相比,政府在供给正式制度方面具有不可替代性。在重点领域和关键环节,地方政府要注重为政府部门与微观主体、企业和社会主体合作进行制度创新,为微观主体与企业、社会组织之间的合作提供激励。其次,地方政府在协调不同层级政府间关系、同级政府不同部门间关系方面具有组织优势。《教育规划纲要》确定的人才培养体制、办学体制等方面的改革重点任务,均涉及到多层次相互关联的制度改革,需要对现有制度如何对接进行系统设计,只有形成各级政府协同、跨部门协调的制度供给机制,才能保障教育综合改革顺利推进。新一轮教育综合改革所需供给的制度要求超越"职能部门"视野,协调各部门共同参与系统的制度创新。杨瑞龙将具有独立利益目标和资源配置权的地方政府在制度创新中发挥作用的过程概括为"中间扩散型"制度创新[2]。在教育综合改革中也存在着由这种方式的制度创新替代或部分替代"供给主导型制度创新"的要求与可能。

其四,成果识别与推广职责。试点单位局部的制度创新成果在经过地方政府认定后,也只是具备了作为一项正式制度的基本条件,此时,在适应范围上这项制度并不属于整个"区域"。因此,如何将经过认定后的试点单位制度创新成果"推广""复制"到区域范围内所有对象,仍是地方政府面临的一项任务。借鉴经济学相关成果我们从理论上将这种活动定义为"制度扩散"。斯特朗(David Strang)认为,政策扩散是指这样

---

[1] 杨雪冬.近30年中国地方政府的改革与变化:治理的视角[J].社会科学,2008(12):4—16+182.
[2] 杨瑞龙.我国制度变迁方式转换的三阶段论——兼论地方政府的制度创新行为[J].经济研究,1998(1):5—12.

一个过程,即首先采纳某种做法或实践的地区会改变尚未采纳区域采纳这一做法的概率[1]。政策扩散包含以下意义:先采纳的政策对后来的政策选择有影响;某个地区的政策选择会对其他地区的政策选择产生影响;政策选择的影响通过交流的方式来完成。本课题将成果推广即"制度扩散"从广义的"制度创新"中划分出来,强化成果识别推广对于地方政府教育综合改革目标实施过程中不可替代的地位。如何在局部改革试点取得预期收益时,通过制度设计使其约束和引导对象逐步扩大,考验着地方政府把握制度供给时机的能力。对此,地方政府有必要加强对改革成果进行全面科学的评估,对可以推广的制度创新进行认定。

地方政府教育综合改革实施的上述职责是联系在一起的,履行各项职责的活动是相互联系、相互作用的(见图2-2)。教育综合改革的路径选择将从政府主导型的自上而下推动,发展为政府、社会和利益相关者共同推动的互动型改革路径[2]。在实践过程中地方政府履行好改革决策责任是基础,落实好制度创新责任是核心,承担好成果推广责任是手段,组织协调责任既要服务于制度创新,也要促进改革决策和制度创新、成果推广的有机衔接。上述职责也是本研究依据对教育综合改革的内涵定位而选取

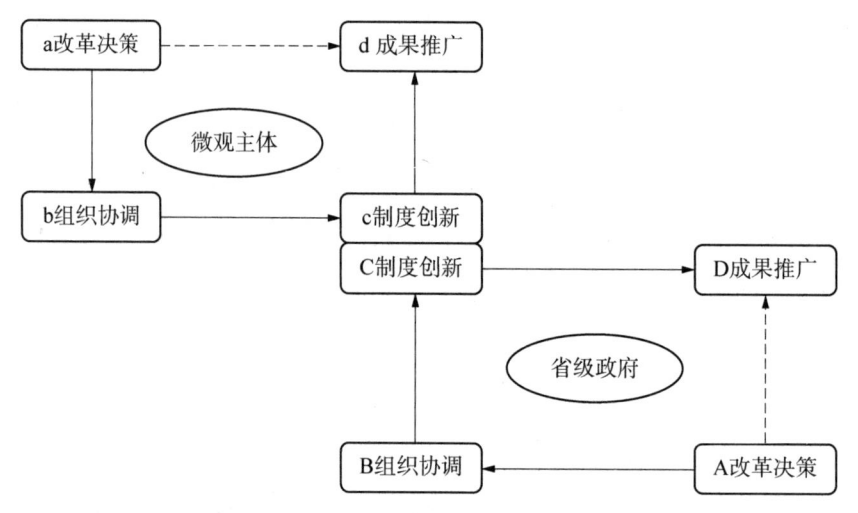

图2-2 不同层级间的教育综合改革活动关系图

---

1 陈芳.政策扩散、政策转移和政策趋同——基于概念、类型与发生机制的比较[J].厦门大学学报(哲学社会科学版),2013(6):8—16.
2 谈松华.体制创新:教育改革的关键[N].光明日报,2009-2-11(10).

的重要职责,这些职责对于教育综合改革运行机制的形成有重要影响。

地方政府在制度创新中的独特作用能够发挥的根本原因在于,它成为沟通"权力中心的制度供给意愿"与"微观主体的制度创新需求"的"中介"。图 2-2 中,地方政府和微观主体的改革过程本身是一个独立过程,但二者的改革活动有一个重要的"联结点",即"制度创新",且这一节点也都是两个主体改革活动的核心环节。区别在于,微观主体的制度创新是最终成果,地方政府在完成制度创新之后还要在区域内推广、辐射经过认定的制度创新成果。

(三)地方政府推动制度创新的主要策略

地方政府对于组织改革的职责不同于其实施行政行为,即并非单纯的"执行"。富兰指出,"政府部门也生活在一个'需要适应'的世界里,而不是执行的世界里"[1]。在实施教育综合改革过程中,地方政府既要把握教育治理环境对其提出的新要求,也要始终依据法律法规规定把握其职责的有限性。依据当前政府职能转变的总体要求,本研究主张地方政府组织实施教育综合改革的职责是有限的,具体表现为:

首先,联结决策者和实施者的"改革预期",准确识别制度创新的需求。"改革预期"是改革实施的起点,但实践中经常面临着复杂的影响因素,导致改革预期或者无法发挥行为导向作用,或者面临着被遗忘的风险。一种情形是,决策者的预期与实施者的预期未能建立起联系,发生了目标脱节现象,这种情形经常处于主导地位;另一种情形是,实施者的改革预期在实践中被遗忘了,陷入了无意义的改革行动境地。运用富兰的观点,此时变革"意义"在改革行动中没有被理解甚至没有被发现。"改革预期"得以被嵌入实施者的具体行动,在于"意义"可以被充分理解至少先被感知到。在教育综合改革过程中地方政府的主要职责是,为作为教育服务提供者的各类组织的运行及其相互关系的处理提供制度和政策保障,而不包办代替由法人权利和职责规定的各类组织自主决策、实施的事务。改革预期在改革决策者与实施者之间的"聚合"程度,可以反映制度创新需求识别的准确性。因此,教育综合改革中的制度创新,要求行政部门学会识别制度需求,运用行政发展目标对资源要素组合和功能状态作出理性的判断,适

---

[1] [加]迈克尔·富兰.教育变革的新意义(第四版)[M].武云斐,译.上海:华东师范大学出版社,2010:183.

时推进制度创新以克服制度滞后所造成的制度不均衡。

其次,把握制度供给的策略和时机。制度创新的过程是多主体之间反复博弈的过程。尽管教育行政部门是正式制度创新发起、实施的代理人和主导者,基于正式制度与非正式制度相互关系在制度作用中的影响,利益相关者是否参与、如何参与制度创新过程对制度合法性、有效性具有制约作用。因此,在作出制度创新之前,要为制度相关的组织、个人提供诸如座谈、问卷、听证等参与途径,了解不同主体对某一新的制度创新的成本、收益的预期,并与作为主导者的成本收益预期进行比较以修正对制度创新有关要素价值的判断。在正式制度创新实施后,行政部门要建立制度实施状况的调研、分析、评估、调控机制。对于地方政府推进系统的制度创新与制度供给这项根本职责,要把握其内涵:教育综合改革的制度创新不同于传统管理变革中的制度选择与应用,是一种多方主体共同参与的制度设计和调试过程。因此,地方政府更多地以制度创新的"促发者""协调者"的身份出现;教育综合改革涉及多层次相互关联的制度改革,是地方政府的制度供给在先还是下级政府或试点单位的制度供给在先,地方政府的制度供给常常会面临"两难"选择:一方面需要改革主体涉及的相关制度的及时供给;另一方面又因处于局部试点阶段,尚不能进行全局性的、完善的制度供给。因此,在改革试点取得预期收益时,如何通过制度设计使其约束和引导对象逐步扩大,考验着地方政府把握制度供给时机的能力。

再次,恪守政府自身在教育管理过程中的职责边界。对制度创新需求的识别、对制度供给时机和策略的把握,要建立在对"政府能做什么,不能做什么"的判断基础上。地方政府的制度供给应与自身职责匹配,符合教育管理职能转变要求,并恪守"政府宏观管理、学校自主办学"的边界,而不是替代学校和社会自身的责任。党的十八届三中全会《决定》要求,要深入推进管办评分离,扩大省级政府教育统筹权和学校办学自主权,完善学校内部治理结构。《教育部关于深入推进教育管办评分离促进政府职能转变的若干意见》也将"构建政府、学校、社会之间新型关系"作为全面深化教育领域综合改革的重要内容,提出"依法明晰政府、学校、社会权责边界,构建系统完备、科学规范、运行有效的制度体系,形成决策、执行、监督相互协调、相互制约的教育治理结构"。在目前理论构想中的教育治理体系框架下,政府、学校和社会三者之间是一种平等主体关系,要在法律法规约束下相互制约,也要在尊重各自主体地位的前提下相互促进。地方政府组织实施教育综合改革,要确立治理体系的视野,改变传统"行政管理者"的大包大揽角色定位,将主要职责定位于制度创新。核心在于,"明确国家行政权力在维护教育领域公共性方面的作用空间与方式"[1]。地方政府超越规定职责边界的行为会产生多种负面结果:一方面,因为超越职责的制度供给,会导致"微观主体"无意从事改革创新;另一方面,由于来自上级政府的制度预先设定,丧失依据改革方案实施改革可能形成的改革试验空间。

---

[1] 王有升.教育改革过程中如何守护教育领域的专业性——一种体制分析的视角[J].南京师大学报(社会科学版),2013(3):12—17.

第三章　教育综合改革的分析工具

认识教育综合改革活动，需要相应的工具。借助将理论与实践联结起来的"分析工具"，可以更深入地揭示地方政府实施教育综合改革的内在机制。本章将借鉴行政学、经济学等相关理论及特有认识视角，初步建构教育综合改革分析工具。

第一节　分析工具建构的理论基础

综合改革的艰巨性、复杂性不仅表现在改革内容和方法上，更表现在改革外部环境的重大变化上。党的十八届三中全会《决定》正是对这种环境变化的回应，要求在"治理体系与治理能力现代化"的目标基础上，优化改革的方法论。与治理体系与能力变革要求相适应，教育综合改革分析工具的建构需要多种理论支持，以下针对教育组织间关系处理、制度创新任务实现，对所需的理论作重点阐述。

一、分析工具建构的主要理论

（一）整体性治理理论

20世纪90年代早期兴起的治理理论已经成为公共管理领域占据中心地位的理论之一，它为教育综合改革的分析工具构建提供了重要的借鉴。

"治理"通常被描述为国家、社会组织和个人单独或者合作处理国家和社会事务的过程。治理理论研究的代表性人物英国南安普敦大学教授杰瑞·斯托克认为，治理具有五个核心论点[1]：治理理论关注治理过程中在政府之外（但也包括政府）的组织机构；治理明确指出存在边界和责任上的模糊；治理安排使参与其中的行为主体和组织间产生了复杂的依赖关系；网络是治理实践的主要形式；治理研究认为，政府可以利用其权威与立法能力之外的许多工具影响最终结果。这种归纳对于全面认识治理理论的思想精髓提供了一个概要性框架。

在治理理论诸多分支构成的理论谱系范围内，整体性治理（Holistic Governance）吸纳了各种流派治理理论的优势，对于分析地方政府实施教育综合改革的机制具有较强针对性。整体性治理主张以公民需求为导向，以协调、整合和责任为治理机制，对治理层级、功能、公私部门关系及信息系统等进行有机协调与整合，为公民提供无缝隙服务。整体性治理理论也是20世纪90年代中后期始于西方国家的寻求公共部门协调与整合改革运动的产物，其理论主张包括[2]：（1）治理目标是取得公共利益和责任。Peter J. Laugharne指出，整体性治理努力使复杂且常常分散化的治理中的各机构和层次实现共同的目标：为越来越有鉴赏能力的公众提供高质量的服务；（2）着眼于政府与社会各类组织包括私人部门和非营利部门的合作。"治理"一词主要指向组织间的"更平等"关系，以及先前不同功能之间的模糊的边界和处理随之而来的各种关系的新方法；（3）强调官僚制组织结构基础。由于其是在反对新公共管理的碎片化组织结构基础上发展起来的，因此认为政府治理的根本组织结构仍是官僚制，权力仍是政府行动的基础；（4）重视整合、协作与整体运作。希克斯、邓拉维都强调将整合与协调作为数字时代治理的首要组成部分。数字时代治理的核心在于强调服务的重新整合，整体的、协同的决策方式以及电子行政运作广泛的数字化。

作为建构教育综合改革分析工具的主要理论，整体性治理理论的价值主要表现为，在价值理念、行动策略上与治理理论其他分支相比有优势。从价值理念来看，受到民主思想影响，整体性治理理论倡导社会人假设，与新公共管理理论相比，在人性假设上更加强调民主、公平等价值理性的主导观点[3]。整体性治理理论的基本逻辑依然是

1　[英]杰瑞·斯托克,楼苏萍,郁建兴.地方治理研究:范式、理论与启示[J].浙江大学学报,2007(2):5—15.
2　[英]杰瑞·斯托克,楼苏萍,郁建兴.地方治理研究:范式、理论与启示[J].浙江大学学报,2007(2):5—15.
3　董礼胜.西方公共行政学理论评析[M].北京:社会科学文献出版社,2015:280.

更加高效地供给公共服务,但更重要的价值在于对新公共管理理论应用造成的公共服务碎片化问题的矫正。从行动策略来看,整体性治理的核心目的在于跨越组织边界,整合各自独立的资源,实现政府的政策目标。它着眼于政府内部机构和部门的整体性运作,主张管理从分散走向集中,从部分走向整体,从破碎走向整合[1]。由于继承了治理理论重视公民、社会参与的传统,同时又较好地调和了科层治理、市场治理模式在政府、市场之间各执一端的矛盾,适应了在日益复杂的社会组织形态下处理公共事务的要求,整体性治理对于分析地方政府各领域治理活动有独特价值。当前,不论整体性治理还是相关治理理论都还处在探索过程中,并且呈现出一种彼此借鉴、相互融合的趋势。本研究将取其所长,主要发挥整体性治理理论对于构建地方政府教育综合改革分析工具的借鉴价值。

(二)新制度经济学的制度变迁理论

新一轮教育综合改革将"制度创新"作为根本任务,包含着"制度"的特定涵义及"制度变迁"的特定规律。新制度经济学尤其是作为其支柱之一的制度变迁理论为认识教育综合改革中的"制度创新"行为提供了重要借鉴。

"制度"作为新制度经济学的研究对象,有着丰富内涵。制度也被新制度经济学认为是构成经济理论的天赋要素,是技术与偏好等传统要素之外的第四大柱石。制度与人的动机、行为有着内在的联系,任何制度都是人的利益选择的结果,同时制度作为一种"公共品"的形态存在,并不是针对某一个人而制定的。新制度经济学的代表人物诺思认为,制度提供的一系列规则是由社会认可的非正式约束(制度)、国家规定的正式约束(制度)和实施机制所构成,这也是制度的三个基本要素[2]。其中,非正式约束包括价值信念、伦理道德、风俗习性、意识形态等,意识形态处于核心地位;正式约束是人们有意识地创造的一系列政策法则,任何正式规则的制定和实施都是需要成本的;实施机制的健全与否影响到正式约束(规则)的有效性,检验制度是否有效主要是看违约成本的高低。教育改革过程中应重视非正式规则的作用,尤其是应将其转化为消弭结果与改革预期之间"断裂带"的力量,提升改革实践的合理性。

---

1 竺乾威.从新公共管理到整体性治理[J].中国行政管理,2008(10):52—58.
2 卢现祥.西方新制度经济学(修订版)[M].北京:中国发展出版社,2003:38—42.

新制度经济学关于制度变迁的基本概念和理论分析是其精华部分,它的主要任务是解释各种制度的产生与变迁,以及制度对人们如何组织经济、社会生活产生的影响。重点内容包括两个方面[1]:一是制度变迁分析的基本概念,如制度环境是指一系列用来建立生产、交换与分配基础的政治、社会和法律基础规则,制度安排是支配经济单位之间可能合作与竞争的方式的一种安排,制度装置是行动团体所利用的文件和手段,以及在前文做过解释的初级行动团体、次级行动团体等制度变迁的"主体";二是制度变迁的理论模型,其中的代表性模型是诺思提出的制度变迁模型,其基本假定是:制度变迁的诱致因素在于主体期望获取最大的"潜在利润"或"外部利润"。该模型认为,只要这种外部利润存在,就表明社会资源的配置还没有达到"帕累托最优"(Pareto officiency)状态,从而可以进行"帕累托改进"(Pareto improvement)。

在上述概念和模型基础上,新制度经济学将"制度变迁"解释为一种效益更高的制度对另一种制度的替代过程。诺思认为,制度变迁就是"制度创立、变更随着时间变化而被打破的方式"[2]。人类进行一切活动的主要动因之一来自于对某种利益的需要,行为主体需要在一定的制度下获得某种利益和好处。同时,任何一项制度的变迁都不是任意发生的,需要在成本—效益分析的基础上进行权衡,也必然受到参与制度变迁的主体的观念和价值的影响。新制度经济学对"制度"的定义中对"正式制度"与"非正式制度"的区分以及对其相互作用的分析,揭示的正是制度变迁中最为隐秘、复杂的一个部分。作为教育综合改革根本任务的"制度创新",意在提供一种可以产生新动力的变革要素,同时通过制度与其他传统要素的优化组合,以实现当初设定的改革预期。

国内外学者的已有研究,可以帮助我们把握制度变迁主体之间角色转换的复杂机理。制度变迁方式有多种分类视角,经典的分类方式是林毅夫在发展拉坦的诱致性制度变迁理论基础上提出的"两分法":诱致性制度变迁,由个人或一群人在响应获利机会时自发倡导、组织和实行;强制性制度变迁,由政府法令和法律引入和实行。当然二者并不是截然分开的,自发的制度安排尤其是在正式的制度安排中,往往也需要政府的

---

1 卢现祥.西方新制度经济学(修订版)[M].北京:中国发展出版社,2003:92—104.
2 [美]道格拉斯·C·诺斯.经济史中的结构与变迁[M].陈郁,译.上海:上海三联书店,1981:225.

行动来促进变迁过程[1]。国内学者也将制度变迁理论应用于考察我国地方政府的"制度变迁方式",比如杨瑞龙考察了具有独立利益目标与拥有资源配置权的地方政府在我国向市场经济体制过渡中的特殊作用,提出了"中间扩散型制度变迁方式"的理论假说,认为地方政府是中间扩散型制度变迁方式中的"第一行动集团"[2]。尽管他的研究主要用于解释市场主体和地方政府在制度变迁中的利益博弈,但它同样能解释教育综合改革过程中各种微观主体和地方政府在制度变迁中的相互关系。

需要强调的是,本研究中对制度变迁理论的借鉴,基于以下两方面的设想:首先,对教育综合改革中"制度变迁"行为的解释,是在新制度经济学学科视野下进行的,这意味着需要其他分支理论的支持。新制度经济学是科思、诺思、威廉姆斯、阿尔钦等人应用新古典经济学的理论和方法研究制度构成、制度运行、制度变迁的一门学科。在构成新制度经济学的支柱理论中,交易费用理论、产权理论、企业理论、制度变迁理论等主张具有内在关联性,很难独立发挥作用。为了增强对教育综合改革分析的针对性,同时也避免陷入将"教育"活动等同于"经济"活动的方法误区,研究中将重点运用制度构成、制度变迁等理论,展示其对于分析地方政府制度创新行为的优势。研究中也将不再对其他支柱性理论做系统阐述,仅在必要时加以阐释;其次,对教育综合改革中制度创新行为的解释,也不局限于新制度经济学的理论认识。除经济学外,社会学、政治学等学科对制度变迁的解释具有相互影响,共同构成并丰富了"新制度主义"的主张。尽管新制度主义理论由诺斯等新制度经济学家创立,但它对政治学、社会学的影响并不比经济学来得更小。自20世纪90年代以来,新制度主义已经变成超越单一学科,遍及经济学、政治学、社会学乃至整个社会科学的分析范式。各种新制度主义的一个根本性共同特征是强调制度,认为制度因素是社会分析的最恰当的出发点[3]。20世纪90年代以来,新制度主义在教育领域也得到了关注,研究对象得到了拓展,开始强调私立学校、高等教育领域的制度问题。可以肯定的是,这一变化过程中学术界开始

---

1 [美]R.科斯,A.阿尔钦,D.诺斯,等.财产权利与制度变迁——产权学派与新制度学派译文集[M].刘守英,译.上海:上海人民出版社,1994:371—403.
2 杨瑞龙.我国制度变迁方式转换的三阶段论——兼论地方政府的制度创新行为[J].经济研究,1998(1):5—12.
3 [美]盖伊·彼得斯.政治科学中的制度理论(第三版)[M].王向民,段红伟,译.上海人民出版社,2016:183.

用新的眼光看待教育领域的"制度"。迈尔和罗万总结这种变化时指出,"社会科学家不再把人类行为狭隘地理解为自利性行为"[1]。在某种意义上,本研究对制度构成、制度变迁行为的认识,反映了不同学科视野的主张,但在看待制度变化过程中个体作用方面,它们在"新制度主义"这一维度是可以通约的。

二、相关理论的应用价值分析

上述理论一方面对改革主体拓展后的关系处理、制度创新的实施机制、不同组织之间资源的相互利用等具体问题具有指导价值;另一方面有助于整体地认识教育综合改革的任务和外部环境变化,及其对改革行动的影响。

(一) 为发挥多方"改革主体"的作用提供了参考

受综合配套改革的影响,新一轮教育综合改革在多种维度都要面对"教育"与"社会"的关系。由于政府、学校、社会等各类组织、个人的参与,改革过程中各方之间职责和关系的处理是地方政府组织实施教育综合改革所不能回避的。特别是对于基层的行为主体来说,改革过程中对他们的忽视容易使他们成为变革的对象和消极的接受者、执行者,甚至成为变革的阻力[2]。对此,整体性治理理论不仅注重多方主体的平等参与,也从多个视角提出了协调不同主体并将多种主体"整合"到一起的技术方案。

首先,建立政府部门间的协调机制。政府体系内部的协调也是西方国家治理的一大技术难题,受整体性治理、协同政府等理念影响,这些国家获得了许多经验。比如英国工党政府于1999年在《政府现代化白皮书》中提出了"协同政府"(joined — up government)的理念,其核心是通过消除不同政策之间的矛盾和张力,有效提高公共政策的效能;在政策部门的不同利益主体之间加强合作、传递优秀理念,形成一种协同的工作方式。经济合作与发展组织(OECD)曾把跨部门协同机制分为"结构性协同机制"(structural mechanisms)和"程序性协同机制"(procedural mechanisms)两大类。结构性协同机制侧重协同的组织载体,即为实现跨部门协同而设计的结构性安排,如

---

1 [美]海因兹-迪特·迈尔,布莱恩·罗万,郑砚秋.教育中的新制度主义[J].北京大学教育评论,2007(1):15—24+188.
2 叶澜.当代中国教育变革的主体及其相互关系[J].教育研究,2006(8):3—9.

中心政策小组、部际联席会议、专项任务小组等。程序性协同机制则侧重于实现协同的程序性安排和技术手段,如面临"跨界问题"时的议程设定和决策程序、制度化信息交流平台、促进协同的财政工具和控制工具的选择等[1]。这些措施表明决策组织载体和机制对于政府实现整体性治理的现实意义。

其次,处理不同层级政府间的关系。不同层级政府参与改革过程中,由于决策环境差异,各自的决策风格表现出较大差异性。通常层级较高的政府倾向于进行更加宏观的决策,层级较低的倾向于进行微观问题的局部决策,处理它们之间关系的难点在于找到恰当的"联结点"。此外,不同层级政府之间并非以往自上而下传达部署的关系,而是需要通过互动形成关于改革的信息闭环。由于充分认识到了现代治理机制的宽泛性,治理理论"能够使我们更好地理解现代公共管理的过程,并将注意力从单个地方政府单元的内部操作和管理转向地方层面的多种组织如何在环境中相互作用"[2]。对实行中央集权制的中国、对地方政府统筹推进教育综合改革也有借鉴意义。治理理论所揭示的趋势,恰恰也是中国改革开放以来调整中央地方关系的总体方向,在方法上治理理论所倡导的沟通、协调,对各级政府间的信息交互以及形成互动,具有启示意义。

再次,在复杂环境下"动员社会"。治理理论在承认政府在治理体系中主体地位的同时,提出动用"政府之外的力量"推进治理。叶澜认为,教育实践系统中存在着"教育利益主体",外部还存在着"社会利益主体"[3]。由于两种利益主体之间可能产生冲突和相互抵制的状况,如何使之得到沟通并达成目标上的一致,是教育综合改革面临的现实课题。治理理论为此提供了技术方法储备。对于教育实践主体而言,与传统政府统治强调确定的、禁止的和委托统治的结果不同的是,治理"更多地关注调控社会的能力,使其产出有价值的结果"[4]。整体性治理理论把"协作"视为动员社会的系统性方法,通过使用更具体的技术实现多方主体参与治理。

1　周志忍,蒋敏娟. 整体政府下的政策协同:理论与发达国家的当代实践[J]. 国家行政学院学报,2010(6):28—33.
2　杨雪冬. 近30年中国地方政府的改革与变化——治理的视角[J]. 社会科学,2008(12):4—16+182.
3　叶澜. 当代中国教育变革的主体及其相互关系[J]. 教育研究,2006(8):3—9.
4　[英]杰瑞·斯托克,楼苏萍,郁建兴. 地方治理研究:范式、理论与启示[J]. 浙江大学学报,2007(2):5—15.

（二）为运用不同于行政权威的"改革方法"提供了启示

在传统体制下，政府对教育管理运用的是基于政治和行政权威的管理方式，具体表现为：运用的是政府的政治权威，运行方向总是自上而下的，通过发号施令、制定和实施政策实施单一向度的管理[1]。治理理论认为在新的环境下政府面临着如何超越权力依赖的考验，也有相应行动策略可以采纳。

一方面，组织实施改革活动需要超越传统的"权力依赖"思维。"权力依赖意味着致力于集体行动的组织必须依赖于其他组织，并且不能通过命令的方式迫使对方回应，而只能通过资源交换和基于共同目标的谈判来实现"[2]。这一点可以解释传统行政在复杂环境下所面临的能力困境。斯托克认为，传统行政的失败"常常是因为制度允许的权力依赖和机会主义行为破坏了达成结果的能力"[3]。教育综合改革涉及公、私部门关系处理，政府、学校、社会关系调整，而治理理论倡导的参与、谈判和协调等方式比单纯的行政支配更具有适宜性。这就要求地方政府要超越"权力依赖"的改革工具观。作为以往集教育改革决策、实施、评价于一身的地方政府，在改革推进中的作用也发生了明显变化，体现为对改革核心内容设计的总体指导和统筹协调，以及对改革实行以指导、协调为主的宏观管理。

另一方面，采用更具包容性的技术工具协调不同主体之间的关系。教育综合改革是一种特殊的教育治理形式，在此过程中地方政府需要采用适应改革新环境的管理手段。杨雪冬的研究指出，更为重要的是，"新的治理主体、治理机制、手段、技术等因素很难纳入以法律制度主义或政治系统论为基础的传统政府分析框架中，但它们又是地方政府运行中必要的组成要素，是当分析地方政府在具体政策领域中的行为变化时必须考虑的因素"[4]。对此，整体性治理理论提出了解决方案。莱斯特·萨拉蒙提出了三种关键技能：激活技能，即让所有的相关人员都加入到解决问题的行列中来；协助网络中各要素高效合作的组织能力，包括合作中通常需要的外交能力、沟通能力和讨价还价能力；调节能力，即确定一种激励与惩罚相结合的机制以实现预期目标。这些技能要

---

[1] 俞可平.治理与善治[M].北京:社会科学文献出版社.2000(6).
[2] [英]杰瑞·斯托克,楼苏萍,郁建兴.地方治理研究:范式、理论与启示[J].浙江大学学报,2007(2):5—15.
[3] [英]杰瑞·斯托克,楼苏萍,郁建兴.地方治理研究:范式、理论与启示[J].浙江大学学报,2007(2):5—15.
[4] 杨雪冬.近30年中国地方政府的改革与变化——治理的视角[J].社会科学,2008(12):4—16+182.

求"将处于互相依赖的情境中所有并列的伙伴都纳入到网络体系中,在共同目标下将多元的利益相关者凝聚起来"[1]。

(三)为认识"改革预期"的行为引导作用提供了借鉴

我国以往的教育改革中,制度创新的任务主要集中于中央政府,地方政府主要负责在本地区执行政策。制度变迁理论为突破这种传统分工提供了思路。

首先,"制度"[2]在教育综合改革活动中可以被视为一种"激励工具"。制度与人的动机、行为有着内在的联系,历史上的任何制度,都是当时人的利益及其选择的结果[3]。作为地方政府实施教育综合改革中被创新的"制度",更多属于在国家教育法律法规等基本制度下的本地化的规则,属于新制度经济学所称的"制度安排"或"制度装置"。这些规则最初在改革方案中呈现为"改革目标",其实质是改革主体的"改革预期"。因此,制度变迁理论可以帮助我们观察"改革预期"转化为"制度创新成果"的内在过程。制度创新的激励作用发挥,还取决于以怎样的标准评价制度的效果。经济学中评估一项制度安排的一般标准是"帕累托标准",制度安排为其覆盖下的人们提供利益时,没有一个人因此受到损失。某项改革初期,改革的结果多表现为帕累托改进,而在改革深化阶段,由于更多地涉及到利益的深层次矛盾,帕累托标准已经难以概括一项成功的改革。

其次,明确了地方政府在制度创新方面的独特地位。地方政府教育综合改革的启示在于,一是强调了地方政府在制度创新中的主体地位。郭小聪指出了地方政府在推动制度创新方面的作用和优势[4]:地方政府直接接触当地的个人和团体,能够及时了解来自个人和团体自发产生的创新意图以及新制度的预期收益;地方政府推动的制度创新往往带有试验性,因而具有收益大、风险小的优点。二是要关注地方政府的制度创新"中继者"作用,促进制度创新成果被上级政府"吸纳"。杨瑞龙的"中间扩散型制度变迁理论"将省以下地方政府的制度创新和中央政府推动的制度创新"联结"起来,为

1　[英]杰瑞·斯托克,楼苏萍,郁建兴.地方治理研究:范式、理论与启示[J].浙江大学学报,2007(2):5—15.
2　从广义上讲,本研究中的制度包含法律、法规、规章和规范性文件等不同层级和效力的正式制度。
3　卢现祥.新制度经济学[M].武汉:武汉大学出版社,2004:111.
4　郭小聪.中国地方政府制度创新的理论:作用与地位[J].政治学研究,2000(1):67—73.

分析由多个层级政府参与的综合改革实施机制提供了"工具"[1]。在这一意义上,实施教育综合改革可以被视为一种"中间扩散性制度变迁过程",它通过省级政府将省以下地方政府的制度创新和中央政府推动的制度创新"联结"起来。对于有内在创新动力的微观主体的成果来说,省级及各级地方政府应掌握好对制度创新成果进行认定和推广的时机。

再次,发挥"试点性"制度创新对于改革有序推进的助推作用。一方面,新制度经济学以"准入"激励解释了下级政府"试点性"制度创新的意义。由于"利益独立化的微观主体具有利用下方的决策权捕捉潜在制度收益的动机"[2],赋予试点权利为微观主体提供了"准入"改革并获取潜在制度收益的机会,另一方面,需要从克服"负外部效应"方面,找到保护微观主体改革积极性的办法。微观主体自主的制度创新既存在政治风险,也面临"负外部效应"制约,由于缺乏和中央谈判以反映制度需求的有效渠道,其结果是"广泛的搭便车心理使微观主体难以将强烈的制度需求转化为制度创新的集体行动"[3]。此时,地方政府及时供给正式制度可以避免"搭便车"现象发生,避免学校等试点单位与政府信息不对称现象发生,有效地保护微观主体的改革积极性。为发挥下级政府和学校等微观主体的作用,应将提高其改革意愿和改革能力作为改革实施的重要"着力点"。为此,在对地方政府改革机制的研究中,应该将各类主体的改革意愿和改革能力及其变化作为分析的重要切入点。

第二节 分析工具建构的程序与方法

整体性治理、制度变迁等理论的上述价值,还直接表现在分析工具建构的具体方法上,由此对认识教育综合改革行为发挥指导作用。

---

[1] 杨瑞龙.阶梯式的渐进制度变迁模型——再论地方政府在我国制度变迁中的作用[J].经济研究,2000(3):24—31+80.
[2] 杨瑞龙.我国制度变迁方式转换的三阶段论——兼论地方政府的制度创新行为[J].经济研究,1998(1):5—12.
[3] 黄永炎,陈成才.地方政府制度创新的行为探析[J].探索,2001(4):54—57.

一、分析工具建构的方法

回顾近年来我国的教育综合改革实践,由于价值诉求定位、路径方法局限,实现教育与社会改革目标的协调遇到了较多阻力,这隐含着探索新的教育改革方法论的理由。国外已有研究在方法上作了探索,富兰提出了新的变革范例的八项启示,霍尔提出了教育变革的十项原则并将教育变革划分为 8 个实施水平。但是,由于管理体制和文化差异,其研究结论对解释我国教育改革实践具有局限性,此外上述研究的对象主要聚焦于学区或学校层面教育改革行为,对于"政府"层面实施教育改革行为的分析表现出了不适应性。

本研究的方法选取思路是:开展理论研究基础上的实证研究,实现理论研究与实证研究的互动。各阶段研究方法形成"理论研究(预建构)——实证研究(案例分析等)——理论研究(再建构)"的梯度上升(见图 3-1)。重点是对代表性案例进行实证分析,揭示地方政府实施教育综合改革行为的特点。需要说明的是,"实证研究"是从广义上讲的,包括观察法、案例分析法、访谈法等具体研究方法,而不是特指某种方法[1]。

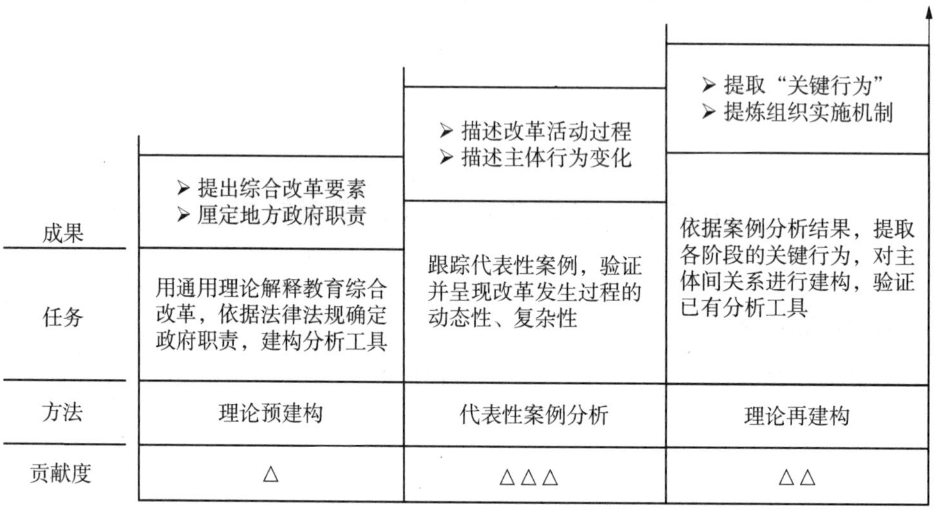

成果	▶ 提出综合改革要素 ▶ 厘定地方政府职责	▶ 描述改革活动过程 ▶ 描述主体行为变化	▶ 提取"关键行为" ▶ 提炼组织实施机制
任务	用通用理论解释教育综合改革,依据法律法规确定政府职责,建构分析工具	跟踪代表性案例,验证并呈现改革发生过程的动态性、复杂性	依据案例分析结果,提取各阶段的关键行为,对主体间关系进行建构,验证已有分析工具
方法	理论预建构	代表性案例分析	理论再建构
贡献度	△	△△△	△△

图 3-1 研究方法与技术路线示意图

---

[1] 提出"实证研究"的概念,目的是希望使之区别于目前对教育综合改革研究较多采用的思辨分析方法。而本研究对"实证研究"的使用还是一种探索,其规范性还远远不够。

（一）文献研究法

涉及理论文献、政策文献两种方法：在理论文献研究方面，借鉴行政学、经济学等学科相关成果，重点引入整体性治理理论，探讨地方政府教育综合改革的内涵；在政策文献研究方面，对改革开放以来我国教育改革发展的纲领性文件进行分析，描述教育综合改革环境和任务的变化，揭示地方政府在其中的地位、职责变化。

（二）理论建构法

理论研究主要服务于理论框架和分析工具的建构，服务于案例分析和机制建构，分为"预建构"与"再建构"两个阶段：

1. 预建构阶段。选用行政学、经济学等学科理论确立研究路径：一是借鉴以整体性治理为代表的治理理论，在价值理念以及行动策略上通过跨越组织边界、整合资源，实现政府治理目标的优势；二是以制度变迁理论的视角建立分析工具，对地方政府的制度创新行为进行分析，探讨地方政府推进教育综合改革的激励结构和约束条件。

2. 再建构阶段。发生于实证研究之后，结合以下要点分析实证研究对于教育综合改革机制的支撑度：为地方政府提供了将多种改革参与主体整合起来的方案；地方政府需要运用不同于行政权威的专业技术手段。

（三）案例分析法

基于研究问题的实践属性，研究教育综合改革主要采用案例[1]等方法在"实践场域"展开。科斯对"现实主义"的追求在技术方法上表现为，强调通过经验性的案例研究，改变"黑板经济学"对事实的不适当抽象[2]。选择东部地区的上海，对2010年以来教育综合改革过程进行实证研究，弥补理论分析的缺陷[3]。最终通过实证与理论研究成果比照，修正有关教育综合改革实施机制的理论预设。

---

1 案例法通常被视为从具体经验事实走向一般理论的一种研究工具，具体是指综合运用多种收集数据和资料的技术与手段，通过对特定社会单元（个人、团体组织、社区等）中发生的重要事件或行为的背景、过程的深入挖掘和细致描述，呈现事物的真实面貌和丰富背景，在此基础上进行分析、解释、判断、评价或者预测。参见：王金红.案例研究法及其相关学术规范[J].同济大学学报（社会科学版），2007(3).

2 [美]斯蒂文·G.米德玛.罗纳德·科斯传[M].罗君丽，朱栩宇，程晨，译.杭州：浙江大学出版社，2016:2(中文版序言).

3 毛寿龙指出，理论模型在特定情况下是有效的，但是未必一定能够提供理想的政策选择方案。大量经验性个案研究表明，实际的制度安排要比任何简单的博弈结构要复杂。参见：[美]埃莉诺·奥斯特罗姆.公共事务的治理之道：集体行动制度的演进[M].余逊达，陈旭东，译.上海：上海译文出版社，2012.

1. 分析视角：以"中观—微观"作为主要分析层面。中观层面，以政府体系内的相关职能部门、社会组织、市场主体为分析对象。微观层面，由于地方政府是以微观主体代表的身份存在的，也应将微观主体纳入分析视野。

2. 分析方法：以自然观察、深度访谈作为主要方法进行案例分析：首先，为克服综合分析对微观主体行为的"过度化约"，采取多案例比较分析的方法，兼顾正面案例、负面案例，体现"实事求是"的研究道德准则；其次，为克服要素、阶段不完整的限制，根据其代表性对不同案例采取"片段式截取"。

3. 分析过程：首先是确定分析方法。重点运用行政学领域对政府行为分析通常采用的分析方法，建立简易的适用于教育改革活动的"分析框架"，从改革主体、改革预期、改革方法三类要素出发，分析地方政府实施教育综合改革的行为与过程。其次是选取代表性案例。无论协调政府职能部门间关系还是政府与市场、社会、学校的关系，都需将其置于多元行为主体互动博弈关系状态下进行分析。

本研究的技术难点在于，能否通过分析工具的建立，将现有的由"规范分析"逻辑主导的思辨研究成果，与由政府"行动选择"逻辑主导的教育改革实践"嫁接"起来。为此，提出了"理论建构与实证研究相结合"的基本进路，在理论建构中更加注重吸收借鉴行政学、经济学等学科对地方政府制度变迁行为有更强解释力的理论和分析方法。

经国家教育体制改革领导小组审议批准，上海市委、市政府于2014年11月21日印发实施《上海市教育综合改革方案（2014—2020年）》。22日，教育部和上海市政府在沪召开部市共建国家教育综合改革试验区工作总结暨深化上海教育综合改革工作推进会，围绕落实上海教育综合改革方案，签署为期7年的部市战略合作协议，共同支持上海争当全国教育综合改革的探路者、示范者和引领者，发挥"试验田"作用，积极探索可复制、可推广的经验成效。作为国家教育综合改革试验区，上海市实施教育综合改革以2014年发布《上海教育综合改革方案（2014—2020年）》为界，分为两个阶段：部市合作共建国家教育改革试验区阶段；承担"两校一市"深化教育综合改革任务阶段。

本书以第一阶段改革为关注重点，试验任务包括上海自身改革要求和国家改革要求两种类型：自身改革试验任务，主要是《上海规划纲要》提出的从2010年到2012年启动实施的10项教育综合改革重点试验项目和10项重点发展项目；国家改革试点任务,主要是国务院办公厅《关于开展国家教育体制改革试点的通知》下达的 27 项试点项目。本研究选取的代表性案例,主要集中于第一阶段(见表 3-1;表 3-2)。

表 3-1 实证研究选取的教育综合改革项目概况

项目代号与名称	项目目标	涉及的重点分析要素
A 完善非本市户籍常住人口教育保障机制试验	适应非本市户籍常住人口增长趋势,保障各类群体学有所教。非本市户籍常住人口子女在义务教育阶段以公办学校接纳为主,全面实行免费教育。探索建立与居住证制度相适应、体现各级各类教育特点、公办和民办学校共同参与的非本市户籍常住人口非义务教育阶段的就学制度。	改革主体:涉及政府、市场、社会等改革主体; 改革预期:涉及省级政府、县级政府合作开展制度创新; 改革方法:涉及行政的方法、专业的方法。
B 促进高中教育优质特色多样发展试验	促进高中特色多样化,培养具有个性特长的合格学生。鼓励高中办出特色,在若干高中实施创新人才培养实验项目,建立高中与大学合作培养人才的新机制。加强对高中生动手能力和职业技能培养,探索综合高中发展的新机制,促进普职渗透。	改革主体:涉及教育行政部门、教育科研部门、社会机构与高中学校等改革主体; 改革预期:涉及省级政府、县级政府之间合作开展制度创新。
C 探索营利性和非营利性民办学校分类管理办法	探索建立营利性和非营利性民办教育机构分类管理制度,制定相应的管理办法及各项政策。建立由政府、社会、学校各方共同参与的民办教育发展基金,加大对非营利性民办教育机构的奖励资助力度。	改革预期:涉及省级政府、高等学校合作开展制度创新; 改革方法:涉及行政的方法、专业的方法。

表 3-2 其他辅助研究方法概况

项目	政策文献	深度访谈对象
A 完善非本市户籍常住人口教育保障机制试验	规范性文件、通知、试点研究报告等 18 份	Y:市教委原副主任 Q:市教委基教处主任科员 H:M 区教育局学前教育科长
B 促进高中教育优质特色多样发展试验	规范性文件、规划、通知等 21 份	Y:市教委基教处副处长 X:C 区教育局副局长 Z:C 区教育学院科研室科研人员 M:P 区高中学校校长
C 探索营利性和非营利性民办学校分类管理办法	规范性文件、规划、试点工作报告等 15 份	L:市教委综改办副主任 S:市教科院科研人员 C:民办高校董事长 Z:民办中小学校长 L:民办中小学校长

续表

项目	政策文献	深度访谈对象

备注：
1. 规范性文件、规划名称将在第四、五章案例中呈现。
2. 后文中对深度访谈信息按"项目-访谈对象—访谈时间"格式呈现，如："A-Q-20160705"，"A"代表 A 项目，"Q"代表对市教委基教处主任科员 Q 的访谈，"20160705"代表访谈时间为 2016 年 7 月 5 日。

二、教育综合改革的要素确定

分析工具将聚焦于地方政府组织实施的教育综合改革的活动过程，据此确定分析要素。理论界对于分析工具要素的选择普遍坚持的观点是，主要依据研究对象和问题类型确定要素，不存在绝对正确的要素。对于综合改革活动要素，郝寿义提出改革运作系统包括改革主体、改革载体、改革方案、改革利益四个基本要素[1]。张荣伟认为，教育改革模式牵涉到的核心问题包括：如何确立一项教育改革的主体、内容、目标与步骤？如何协调一项教育改革相关利益主体之间的复杂关系？如何区分一项教育改革内、外部的积极与消极因素？如何完善和优化一项教育改革的动力机制和评价标准？等等[2]。石中英等认为，教育改革的路径选择涉及到改革目标的确定、改革意图的贯彻、改革舆论的制造、改革机制的建立、改革进程的推进、改革效果的评价、改革主体之间的关系等[3]。上述研究从不同视角勾画了改革的要素。对改革要素的确定，本研究坚持以下指导思想：一是，分析要素存在着关联性，需要确立系统整体的分析思维。富兰的研究也指出，影响变革的因素是相互作用的，"任何只针对一个因素提出的孤立的、直接的解决方案，都将收效甚微"[4]。在分析框架建立和后续实证研究中，本研究也将坚持整体地认识各要素的作用，重视对要素间相互作用关系的分析。二是，在遵循理论要求基础上力求体现简约的策略。如果将已有研究揭示的要素全部纳入分析框

---

1 郝寿义.综合配套改革机制研究[J].开放导报,2008(6):35—39.
2 张荣伟.论中国基础教育改革的四种实践模式[J].河北师范大学学报(教育科学版),2010(12):23—27.
3 石中英,张夏青.30 年教育改革的中国经验[J].北京师范大学学报(社会科学版),2008(5):22—32.
4 [加]迈克尔·富兰.教育变革的新意义(第四版)[M].武云斐,译.上海:华东师范大学出版社,2010:14.

架,既显得比较繁琐也不利于确立分析重点,因此,基本要素的确定既应强调其分析价值的独特性,也应强调其支撑制度创新过程发生及目标实现的作用。

（一）改革主体

教育综合改革是一种多元主体参与的活动,必然产生利益主体之间的相互关系,因不同改革任务主题而衍生出不同类型的"利益单元"之间的关系。在主体间相互作用过程中,"利益单元"的观念、行为会受到外部行为影响,衍生出一种新的改革诉求或改革行为样态。不同主体间作用导致的改革意愿与改革行为选择的动态性、多样性,都将影响综合改革按照预期目标前进,它们也是影响教育综合改革中在利益单元之间进行协调效果的重要变量。这些因素构成了确立"改革主体"因素的主要理由。

改革主体是指改革活动中在方案设计、改革试验、制度创新、改革总结等主要活动中有实质性参与的组织与个人。借鉴新制度经济学的思路,本研究将"改革主体"视为教育综合改革活动中一个独立的"利益单元",承认并全面认识其诉求的特殊性,尊重其在改革活动中的行为选择。这是激发改革动力,反映其改革诉求并实现与其他"利益单元"协调的基础。对于改革组织者而言,组织实施过程中要对"利益单元"及相互间关系进行持续的分析,据此选择促进"利益单元"之间合作意愿、合作水平提高的专业技术方法。

教育综合改革的组织实施主体从以往教育行政部门上升为各级地方政府后,参与改革的主体既包括政府相关职能部门,也包括各级各类教育机构、企业、社会组织等。教育综合改革的主体,按照层级分为省、地市、区县、教育单位等不同层级;按照所在系统,分为政府其他行政部门、教育部门(含教育行政部门和各级各类教育机构)、社会领域参与主体(含家长、社会公众、社会组织等)、市场参与主体(企业)等;根据改革活动中的职责并参考已有研究中的分类方法,概括地分为改革决策者、改革实践者、其他参与者。

（二）改革预期

由于参与同一项目的不同试点单位面临的问题差异性,以及改革实施中产生的新问题,导致改革预期目标具有受多因素影响和动态发展的特点。本研究将"改革预期"而不是"改革方案"作为分析要素,意图在于把握这一要素的变动性和教育综合改革活动的复杂性。

改革预期,是指改革方案中提出的对于改革完成后应获得成果的构想,是影响教育综合改革中制度创新的核心要素。改革预期形成于改革目标决策阶段,因改革过程中主体认识、实践及改革技术影响会逐步调整。从新制度经济学视角看,改革预期可以被视为改革主体对于通过制度创新试图达到的收益的"计算"。依据改革项目层次和涉及参与主体范围不同,改革预期可以划分为不同层次,层级越高的改革预期涉及的改革主体越多样,由此产生的影响是,改革方案形成阶段、制度设计阶段协调的难度越大。

由于改革主体的多样性,对改革预期的分析不可避免地要回答"谁的改革预期"的问题。这也是新一轮教育综合改革的新特征。从制度研究视角来看,这将涉及教育组织中权力配置对组织目标的影响。彼德维尔在对学校组织进行制度研究中较早对此进行了提醒,制度起源于个体与集团之间相互冲突的议题和那些驱动其行为的信念和价值[1]。本研究主张应承认"制度"的动态变化性及其在联结个体与组织之间的积极作用。从"制度创新"这一根本任务来看,教育综合改革可被视为一种反映参与各方达成共识的改革预期转化为制度创新成果的活动。改革决策者应该意识到,在科学的组织策略和专业服务支持下,改革主体的参与方式是可以改变的。因此,组织者需要采用专业技术及时反映改革过程中学校的感受变化,对既定改革方案进行调整完善,促进综合改革预期的实现。

(三)改革方法

改革方法,是所有领域改革的基本构成要素,也是影响改革成败的关键因素。富兰认为,许多变革的尝试之所以失败,是因为没有意识到变革理论(什么原因引起了变革)和如何变革的理论(如何影响这些原因)的区别。当这样的解决方案付诸实施的时候,它们通常会产生新的问题,而且比原先的问题更为严重[2]。本研究将改革方法确立为一个基本要素,包含如下主张:教育综合改革性质引起的改革主体、改革预期等因素

1　[美]海因兹-迪特·迈尔,布莱恩·罗万,郑砚秋.教育中的新制度主义[J].北京大学教育评论,2007(1):15—24+188.
2　[加]迈克尔·富兰.教育变革的新意义(第四版)[M].武云斐,译.上海:华东师范大学出版社,2010:11.

的具体表现,要求以新的视角认识"改革方法"的意义,分析其将要发生哪些变化。比如对于改革决策者与实施者之间的关系处理,需要选择怎样的改革方法。由此,作如下说明:

首先,改革方法并不限于改革实施阶段,在决策阶段、制度创新阶段,它的作用更加不能被忽视。比如,在决策阶段如何使更多主体参与到决策过程中,将对整个改革过程产生持续影响。正如塞尔兹尼克在对田纳西河流域管理局开创的下放决策权、建立联系公众的"增选机制"[1],就是一种在组织政策制定过程中吸纳新生因素的有效方法。

其次,对"改革方法"的研究,要反映教育综合改革作为一种"组织学习过程"的要求。新制度经济学将制度创新视为组织的学习过程,认为学习的方式直接影响组织变革。诺斯指出,"学习的方式和速度反映了人们对学习所得到的报酬的预期,还反映了制度矩阵中的激励因素"[2]。国内学者也提出,制度创新是一种内生和演进的系统,是在不确定条件下当事人集体学习、模仿、试错和创新活动中共同知识与信念的形成、演化的结果[3]。也就是说,制度变迁的实现既受到外部利益驱动的影响,也受到行为主体认识与价值理念的影响。因此,教育综合改革过程中,决策者要重视发挥专业机构、社会组织的作用,协调好行政力量、专业力量、社会力量的关系,发挥专业机构、社会组织在教育综合改革指导和服务方面的独特优势。

三、教育综合改革的阶段划分

新制度经济学将制度变迁阶段、类型的划分联系在一起,这也造成了认识上的一些困难。例如,杨瑞龙把中国经济制度变迁划分为供给主导型、中间扩散型和需求诱致型三个阶段,黄少安则主张划分为中央政府主导型、地方政府主导型和微观主体主导型三种类型。本研究在借鉴上述观点基础上,结合教育综合改革的特征和任务认为,应适当扩大阶段的时空范围,以制度创新为核心阶段,同时将"改革决策""成果推

---

[1] [美]菲利普·塞尔兹尼克.田纳西河流域管理局与草根组织:一个正式组织的社会学研究[M].李学,译.重庆:重庆大学出版社,2014:6.
[2] [美]道·诺斯.制度变迁理论纲要[J].改革,1995(3):52—56.
[3] 刘刚.中国制度变迁和演化路径的多样性[J].南开学报(哲学社会科学版),2007(5):46—57.

广"纳入其中,形成一种相对综合的阶段划分方法。

(一)改革决策阶段

改革决策阶段,地方政府以不同微观主体"共同代理人"身份承担某些框架性制度供给的任务,主要是描述改革预期,规划改革路径、改革主体的合作方式,而更为具体的制度供给任务则以试点项目的形式赋予微观主体。

(二)组织实施阶段

地方政府组织实施教育综合改革的职责和行动具有规定性,理论上应独立于制度创新构成一个独立的阶段。这一阶段也是分析不同改革主体运用"改革方法"的主要阶段。

(三)制度创新阶段

制度创新阶段涵盖了改革实施的中后期,也包含了前文所述的"组织实施"阶段。这一阶段,承担试点任务的下级政府或学校在开展改革试点过程中自主进行制度创新。这一阶段是本研究案例研究部分的分析重点。

(四)成果推广阶段

成果推广阶段是教育综合改革的基本组成阶段,是改革价值实现不可逾越的一个阶段。由于作为改革微观主体的某一所学校或教育机构,由其发起供给的制度适用范围有特定限制,难以适用于其他同类机构,因此激励效果有限,类似的缺陷需要地方政府通过制度供给予以弥补。此时,地方政府便开始承担总结、认定制度创新成果,并自下而上逐级向上传递制度创新成果的任务。

关于教育综合改革阶段的以上划分方法与第二章(图2-2)中关于不同层级改革实施的阶段划分保持了一致。在后续实证研究部分将根据具体分析环境和目的进行组合式的呈现。

四、教育综合改革分析框架的建立

教育综合改革分析框架的建立,难点在于层次、要素、主体的多样性、综合性与分析工具"简约"要求之间的矛盾。克服这种矛盾需要确立"有限性"的分析功能定位。

有研究者认为,教育领域综合改革"是所有领域、所有层次、所有范畴、所有要素的相互关联、相互照应、相互协同的改革"[1]。但是,不同要素是如何相互作用的,不同范畴是如何发生联系的,不同层次是如何实现协同的,有待进一步加以回答。这需要通过与目标、功能定位适宜的分析框架来实现。借鉴前文所述的行政学、经济学等理论和分析视角,将教育综合改革视为现有制度供给与需求不一致状态下由政府实施的系统制度变迁行为。通过对制度变迁主体、预期以及制度变迁方式等要素进行分析,可以掌握改革运行基本规律。本节将吸收借鉴国内学者对综合配套改革机制、教育改革机制等方面研究成果,提出适用于地方政府实施教育综合改革活动的分析工具。

(一)明确分析功能

分析工具总是有一定的功能预期。结合对于分析工具功能的已有研究,本研究建立的分析工具能够帮助研究者理解和阐释教育综合改革活动的要素状态及相互作用关系,突出发挥以下功能[2]:比较分析功能,即通过运用有关概念工具对经验事实进行分类比较和分析解释;修正功能,即工具本身在比较分析过程中得到不断修正;涵摄功能,即既能对已有实践进行提炼,同时又能对现实中的行为提供指导。这些功能将主要在后期的案例分析、观察、访谈等实证方法应用过程中得到展现。从制度变迁理论等角度出发,本研究假定改革是创新性地建立一项具体制度的过程,但是在如何处理制度分析中"结构—能动者"这对基本关系方面,认为教育改革活动中不同改革主体对制度创新过程均具有影响,微观实践层面个体的态度和行为是影响制度创新目标实现的关键因素。具体而言,他们对改革活动的认识是改革预期的一个部分,其行为的改变是制度创新成果的组成部分。由此,在分析工具的结构建立和问题提出过程中,在承认改革主体要素多样性的同时,本研究将强化对不同主体改革预期变化过程的分析,强化对不同改革方法适用的对象和情境限制的分析。

(二)建构分析框架

通过揭示制度与行为的相互制约与互动关系,探讨地方政府推进教育综合改革的激励结构和具体方法。廖辉认为,教育改革的影响因素多样、各阶段发挥的作用也不

---

[1] 吴康宁.理解"深化教育领域综合改革"[J].清华大学教育研究,2013(1):6—9.
[2] 李牧.行政主体义务基本问题研究[M].北京:法律出版社,2012:167—169.

同,应通过建立动态分析框架增加对教育改革过程的解释力[1]。周雪光等针对制度变迁中逻辑结构的复杂性,从交叉学科视角出发提出了一个"多重制度逻辑"的分析框架,在克服以往研究不足方面有三个优势[2]:一是分析框架力主"突破简约",强调多重制度逻辑之间的相互作用,在此基础上提炼发展理论分析;二是强调这些制度逻辑的微观基础,即它们在某一领域中相应群体行为方式上的体现,从而建立宏观制度逻辑与微观群体行为之间的联系;三是强调制度变迁是一个内在性过程,即多重逻辑与群体间的相互作用影响和制约了随后的发展轨迹。对于改革参与主体范围扩大且涉及不同层级制度创新的新一轮教育综合改革机制的研究,这一分析框架有重要借鉴价值。

在上述程序基础上,我们建构了一个要素、结构更为简练的分析工具(见表3-3)。它既能涵盖教育综合改革内涵等理论研究成果,又同时将改革主体、改革预期、改革方法等要素置于动态的教育综合改革运行过程中,对这些要素在相互作用过程中发生的变化进行揭示。

表3-3 教育综合改革的基本分析框架

要素	状态区间	主要分析问题
改革主体	单一主体——多方主体	在改革实施的不同阶段,应有哪些"改革主体"参与?"改革主体"之间如何进行合作?
改革预期	决策者预期——实践者预期	"改革预期"在向制度创新成果转化过程中,"初级行动团体""次级行动团体"分别是谁?采取何种制度供给方式,更有利于决策者与实践者形成共同的改革预期?
改革方法	行政方法——专业方法	"行政方法"和"专业方法"的适用对象和适用问题情境有哪些区别?在不同阶段两类方法是如何相互协调、相互促进的?

(三)提出分析问题

上述框架提供了一种基本结构,用于对实践案例的分析,还需要开发具体的分析问题。围绕三个基本要素该工具可以衍生出在具体问题情境下使用的技术问题:

---

[1] 廖辉.理解教育改革:一个初步的分析框架[J].教育理论与实践,2014(13):16—21.
[2] 周雪光,艾云.多重逻辑下的制度变迁:一个分析框架[J].中国社会科学,2010(4):132—150+223.

针对改革主体维度的问题:在改革实施的不同阶段,需要哪些"改革主体"参与?"改革主体"之间如何进行合作?作为实施教育综合改革的活动者要素,"改革主体"是一个类概念,由不同层级利益相关的活动主体构成。作为其构成的单一主体是现实存在的,有其特定的背景身份要素,决定了改革诉求的特殊性,也决定着它在改革运行中的特有的行为方式。分析重点聚焦于地方政府与微观主体(下级政府、各级各类学校等)的关系状态,以及合作过程中各方参与主体改革意愿、改革能力的变化。

针对改革预期维度的问题:"改革预期"在向制度创新成果转化过程中,"初级行动团体""次级行动团体"分别是谁?采取何种制度供给方式,更有利于决策者和实践者形成共同的改革预期?整体性治理在为政府改革提出行动方案的同时,更注重各方主体的"共识"形成,也就是将改革主体普遍认同的改革预期视同为非正式制度,它与思想信仰、道德规范有同样的作用。作为教育综合改革的核心任务,"观念"层次的改革预期需要转化为经组织认可并正式颁布的"制度创新成果"。分析重点聚焦于地方政府与微观主体的制度创新需求满足程度。

针对改革方法维度的问题:不同"改革方法"的适用对象和适用问题情境有哪些区别?在不同阶段两类方法是如何相互协调、相互促进的?整体性治理针对政府治理实践中大量专业性事务涌现的现象,提出要重视行政权威之外的技术方法运用。组织实施教育综合改革不是单纯的行政管理活动,而是一种专业属性较强的活动。组织实施教育综合改革过程中使用的方法,可以分为两种类型:"行政的"改革方法——主要通过制度激励等形式实现改革参与主体之间的协作,促进跨部门政策协调,最终实现在共同的改革意愿下建构新的一体化制度。其主要作用在于通过发挥制度供给和组织协调的制度激励水平,触发、增强改革主体的改革意愿。"专业的"改革方法——以专业的方法技术评估改革需求、支持改革行动、识别改革成果。其主要作用在于通过借助外部机构的专业服务提高改革主体的改革能力、增强其改革意愿。分析重点聚焦于专业方法、行政方法如何充分发挥自身优势并形成相互促进态势。

第三节 教育综合改革基本要素的拓展性分析

以下运用整体性治理理论和制度变迁理论,对该工具用于分析地方政府教育综合改革活动做初步的理论推演:

一、"改革主体"要素

从改革主体角度看,"教育综合改革"需要面对的主要问题是,如何避免"改革决策者"与"改革实践者"分离对改革过程的影响。叶澜从教育变革作用角度将我国教育变革的主体分为利益主体、决策主体和行为主体三大类,三类主体内部还存在着类型和层次的区别,三类主体之间的关系在变革的不同阶段发生着转换[1]。"改革决策者"与"改革实践者"的划分,与富兰研究中变革"发起者"和"接受者"的划分相似,但是富兰进一步引入了"权力位置"将二者进一步分为具有权力位置、不具有权力位置两类[2]。霍尔与霍德提出"政策—实践连续体"(Policy-to-Practice Continuum)概念,主张"应把所有的变革参与者都看成是改革系统中的成员",同时只有在连续体中的所有成员逐渐明白大家都处于同一变革系统中,并且相互信任时,有意义的变革才可能发生[3]。在认同上述理论主张的同时,本研究进一步借鉴整体性治理理论关于拓展参与治理主体范围的认识,分析多种主体参与给教育综合改革理念、运行结构、手段方法带来的系统性变化。

整体性治理倡导,在治理过程中既要考虑政府体系内部的关系,包括纵向的政府间关系和横向的政府职能部门间的关系;也要考虑政府体系与市场、社会、学校等组织和个体的关系。教育综合改革的参与主体包含下级政府及有关部门、基层学校等一系列单位和组织,还包括与教育改革活动利益相关的其他个人和组织,比如,家长以利益相关者的身份参与改革,社会组织和市场组织则以服务提供者的身份参与教育综合改

---

[1] 叶澜.当代中国教育变革的主体及其相互关系[J].教育研究,2006(8):3—9.

[2] [加]迈克尔·富兰.教育变革的新意义(第四版)[M].武云斐,译.上海:华东师范大学出版社,2010:90.

[3] [美]吉纳·E.霍尔,雪莱·M.霍德.实施变革:模式、原则与困境[M].吴晓玲,译.杭州:浙江教育出版社,2004:14—15.

革。我国传统的教育改革中,学校管理者、教师、学生、家长及更广泛的社会利益群体"总体上放在边缘、依附和被动的位置"[1],这在教育综合改革中是需要改变的。在某种意义上可以说,能否改变这种局面将决定我国新一轮教育综合的实际成效。我国已开展多年的国家综合配套改革试验已经呈现了同样的趋势,在发挥政府主要作用的同时还强调其他社会主体的作用。叶澜也认为,社会利益主体尽管存在于教育系统之外,但他们以享用"教育成果"方式参与,以外部推动力的方式发挥作用[2]。

教育综合改革涉及的地方政府层级包括省级、市(地)级、县(区)级。本研究中由于地市政府和区县政府有着相似的地位和职能,共同在省级政府的统筹指导下开展综合改革,尽管改革部署和出台政策适用的区域范围不同,但都是作为独立单位向省级政府负责,因此我们将二者做合并分析。每一个层级,参与改革的主体分别属于政府、学校、社会三个维度(见表3-4)。其中,政府维度可以区分为教育行政部门和其他行政部门;社会维度则依据组织形式和属性分为三类主体:第一类是家长、社会公众;第二类是社区单位、社会组织;第三类是企业等市场主体。不同主体有不同参与方式:

表3-4 教育综合改革的"三维多层复合主体"

	政府		学校	社会		
省级	教育行政部门	其他行政部门	省属学校	家长、社会公众、社区单位	社会组织	市场组织
地市/县区	教育行政部门	其他行政部门	地市/县区属学校	家长、社会公众、社区单位	社会组织	市场组织

地方政府及有关职能部门。由于地方政府在多方参与主体中发挥"协调者"和"枢纽"的作用,因此对其活动过程应做单独分析。从前述的治理理论视角,地方政府行为选择的总体方向是,从命令式的领导者向平等协作的协调者转变。授权理论也要求参与者成为在地方(组织)层面拥有集体决策能力的战略性政府(组织)[3]。整体性治理围绕结果和目标对组织结构进行设计,在不取消部门专业分工前提下实现跨部门合作,

---

[1] 石中英,张夏青.30年教育改革的中国经验[J].北京师范大学学报(社会科学版),2008(5):22—32.
[2] 叶澜.当代中国教育变革的主体及其相互关系[J].教育研究,2006(8):3—9.
[3] [英]杰瑞·斯托克,楼苏萍,郁建兴.地方治理研究:范式、理论与启示[J].浙江大学学报(人文社会科学版),2007(2):5—15.

对于优化政府在推进教育综合改革中的组织体系有应用价值。其核心要求在于确立地方政府在制度创新中的主体地位。郭小聪认为,政府在推动制度创新方面的优势表现为:能够为个人和团体的制度创新提供外在制度环境的支持或约束,政府推动的制度创新没有搭便车问题[1]。因此,地方政府推动制度创新的作用能否充分发挥出来,取决于地方政府作为制度创新主体的地位能否得到确立。

各级各类学校。 作为试点单位,下级政府和各级各类教育机构以"微观主体"的身份,承担本区域、本单位的制度创新任务。教育综合改革过程中,微观主体的参与方式是改革能否按照方案推进、能否实现改革预期的重要影响因素。以往不论政策的出台,还是改革项目的实施,均呈现出中央政府主导的制度供给策略,包含省级政府在内的地方政府只是在中央授权下进行制度供给,层级相对较低的政府以及学校在制度供给中居于完全被动地位。本研究借鉴社会领域改革的处理原则使用"先行先试权"来处理上级政府与微观主体在教育综合改革中的关系,将"先行先试权"作为赋予微观主体的一种合法权利,同时也主张下级政府和学校等微观主体使用这种"先行先试权"是有范围、有限度的。先行先试主要集中在教育管理事权领域,要坚持法治原则,不与宪法和法律保留的事项相抵触[2]。由此可知,微观主体制度创新的作用与地方政府的作用具有互补性。

社会参与主体。 改革主体的变化,要求改革推进策略发生相应变化。国家综合配套改革试验区在强调政府主要作用的同时,还强调其他社会主体的作用。富兰认为,教育改革不仅需要教育系统做好准备,社会方面主体也需要具备相应条件。对于教育变革的有效实施,社会方面没有做好准备是比教育系统自身没有做好准备更糟糕的事,如果各方面社会条件超越了教育部门的权力范围的话,即使教育自身有所改善也无济于事[3]。这一判断对于受到社会阻力而无法顺利推进的改革项目具有启示。国内学者也拓展了对社会参与和支持的认识,吴康宁提出教育综合改革所需外部社会支持

---

[1] 郭小聪.中国地方政府制度创新的理论:作用与地位[J].政治学研究,2000(1):67—73.
[2] 许啸雨.综合配套改革实验区的"先行先试"与地方自主权[J].法制与社会,2013(5):136—137.
[3] [加]迈克尔·富兰.变革的力量——透视教育改革[M].中央教育科学研究所,加拿大多伦多国际学院,组织编译.北京:教育科学出版社,2004:7.

也绝非此前阶段可以相提并论的,简单的、一般意义上的社会支持已满足不了改革需求[1]。从治理理论视角看,社会对教育改革的支持表现在不同领域,包括合作、协商、伙伴关系、确立共同的目标等方式。社会参与要求政府和学校转变以往封闭系统中的、单向度的、以追求内部效率为主的管理模式,通过个体诉求的表达、各方主体的信息交互传递以及基于信任的合作行动,使教育服务不仅能满足政府治理要求,也能满足教育服务使用者的需求。社会参与主体,同时也拥有在改革实施、评价甚至决策方面发挥作用的权利。为此,地方政府"必须恰当地向社会和市场领域寻求公共问题的解决办法,更加注重外部复杂网络关系的构建"[2]。

三类改革主体的参与方式,受主体改革意愿和改革能力影响。在外部环境发生变化的条件下,改革意愿和改革能力都是可以改变的,即具有可塑性。从管理学角度来看,教育综合改革主体的改革意愿会受到改革组织者授权程度和信任程度的影响,充分授权和高信任度都有益于使改革意愿进一步增强。同时,改革意愿还将因改革预期的明确程度及主体的认同程度而得到强化。由于改革主体属于一种组织,组织内个体的组合方式会对组织的改革能力产生影响,同时通过运用程序性技术,主体的改革能力也可以发生变化。由此来看,不同层级、不同职责的改革参与者,在改革实践过程中因观念认识的相互接纳而促进他们之间的合作,最终形成一种行动统一体。

对每一类改革主体参与方式,具体体现为改革过程中和各方主体之间相互作用过程中,改革意愿、改革能力等核心要素的变化过程。这种现象从线性角度使用分析工具解释,制度激励工具有没有对该个体产生效果,专业服务工具有没有发挥作用;从复合角度分析,则要考虑到主体间相互作用对原有"单元"自身意愿的影响。

二、"改革预期"要素

与多方主体参与对应,对教育综合改革活动分析的核心内容是,各方主体的"改革预期"是如何转化为制度创新行为和成果的,特别是跨部门协调是如何推动和促进这

---

1 吴康宁.教育领域综合改革需要怎样的社会支持[J].教育研究与实验,2013(6):1—5.
2 刘力,林志玲.国家综合配套改革试验区的布局条件与空间推进模式[J].城市,2008(2):8—12.

一过程的。对此,新制度主义已有充分的理论贡献。马奇和奥尔森认为,个体"表现出来"的偏好与真正的偏好是存在距离的,集体决策不是个体偏好聚集的结果,而是决策规则影响的产物,而且集体决策无法还原为个体偏好[1]。在教育综合改革中"改革预期"向制度创新成果的转化具有同样的复杂性,这是应用分析工具时需要面对的一个难题,也即能够区分"改革预期"的主体差异,关注不同主体间改革预期差异的协调。对这种复杂机制的揭示,正是分析工具应用的主要目标。由于无法回避来自行政与社会领域所产生的复杂问题,综合改革"必须对改革的利益关系、民生基础和政府结构进行重构和调整"[2]。在改革过程中如何发挥各方参与主体的能动性,如何使不同层级部门、不同主体的利益得到协调,是综合改革实现预期目标的关键。为此,我们将对制度创新涉及的组织间关系以及使用的技术进行重点分析。

不同层级协调对改革预期形成的影响。郝寿义主张[3],综合配套改革的路径既不能延续以往的政府强制性改革路径,更不能跨越到完全的诱致性改革而放弃政府的引导,应该将政府主导的强制性改革转变为政府引导下的诱致性改革,发挥各方面的改革积极性。黄少安通过大跨度的观察发现[4],不同制度变迁主体的角色是变化的或可转换的,即相关主体对制度变迁的态度以及在变迁中的作用、地位、行为等方面发生了变化,也包括一些主体的解体和新主体的产生。就此,富兰曾针对各层级主体之间的相互需要提出,"需要的是一种不同的双向关系,相互给予压力、支持和不断协商,这就是同时自上而下和自下而上的相互影响"[5]。总之,地方政府在综合改革制度创新过程中发挥的是一种"中继者"作用:首要任务不在于直接创新制度,而在于调动下级政府、学校乃至社会等主体在制度创新中的作用。

组织间合作对改革预期实现的影响。可以使用整体性治理的"政策协调"相关理论对多方主体在制度创新中的合作水平进行重点分析。就制度创新涉及的组织间关

---

[1] [美]詹姆斯·G.马奇,[挪]约翰·P.奥尔森.重新发现制度:政治的组织基础[M].张伟,译.北京:生活·读书·新知三联书店,2011:144—158.
[2] 陈振明,李德国.国家综合配套改革试验区的实践探索与发展趋势[J].中国行政管理,2008(1):30—35.
[3] 郝寿义.论综合配套改革的特征、路径与目标[J].开放导报,2007(06):9—11.
[4] 黄少安.制度变迁主体角色转换假说及其对中国制度变革的解释——兼评杨瑞龙的"中间扩散型假说"和"三阶段论"[J].经济研究,1999(1):68—74+81.
[5] [加]迈克尔·富兰.变革的力量——透视教育改革[M].中央教育科学研究所,加拿大多伦多国际学院,组织编译.北京:教育科学出版社,2004:49.

系,马尔福德和罗杰斯(Mulfordand & Rogers)把政策协调界定为一个过程,两个以上的组织创造新规则或利用现有决策规则,共同应对相似的任务环境[1]。OECD将政策制定中的跨界协同区分为政策协调(coordination)和政策整合(integration)两个层次,从产出角度看,政策协调的产出依然是部门各自的政策,协调的目的只是提高部门政策之间的内在一致性,而政策整合的产出则是跨越部门职责的"一体化"或统一政策。就教育综合改革来看,上述两种状态并非非此即彼的状态,而是存在着相互转换的可能性,这是由教育综合改革涉及的制度创新的复杂性决定的。在促进不同主体之间合作的技术上,借鉴OECD对跨部门协同机制的分类,教育综合改革的组织间合作与协调分为"结构性协调"和"程序性协调"。后文将结合案例进行深入分析。

三、"改革方法"要素

第二章对教育综合改革内涵的分析,提出使用有别于行政手段的多种策略方法服务于制度创新。教育综合改革活动本身不是一种行政管理活动,组织实施过程中应避免过多采用强制性、指令性、直接干预等手段,而要充分发挥调控、指导、评估、激励等非强制性管理手段的作用。一方面,整体性治理理论告诉我们,政府要在发挥自身行政权威在治理体系中的作用的同时,注重动用"政府之外的力量"推进治理,改变自上而下的单向度管理;另一方面,更重要的是教育综合改革的参与主体范围发生了变化,由于教育综合改革涉及公、私部门关系处理,政府、学校、社会关系调整,因此整体性治理理论倡导的参与、谈判和协调等方式比行政指令更具有适宜性。

分析工具将"改革方法"作为一个要素进行分析,意在明确地方政府以何种方式发挥自身在实施改革中的作用。"改革方法"作为一个独立要素的意义在于,为地方政府选择不同于行政管理的方式,特别是涉及社会和市场主体参与的改革项目时选择适宜的方法提供参考。总体上地方政府要在由"行政命令"和"协商对话"为两个端点的方法序列中进行选择,可选方法包括命令法、协商法、指导法、调查法、评估法、媒介法等,在不同阶段根据任务性质组成一个"教育综合改革方法工具框"(见表3-5)。具体阐

---

[1] 转引自周志忍,蒋敏娟.整体政府下的政策协同:理论与发达国家的当代实践[J].国家行政学院学报,2010(6):28—33.

释如下：

表3-5 教育综合改革各主要阶段技术方法及实施主体一览表

改革阶段	改革方法	组织实施主体 政府部门	组织实施主体 专业机构
改革决策阶段	调查法		√
	评估法		√
	协商法	√	
改革实施阶段	指导法	√	√
	调查法		√
	命令法	√	
制度创新与推广阶段	协商法	√	√
	评估法		√
	命令法	√	
	媒介法	√	

命令法，是指政府及相关部门就教育综合改革有关活动下发通知、通告等的方法，适用于综合改革各阶段。使用命令法是政府组织实施综合改革的优势，通常在征集改革试点单位、发布改革试点项目、组织改革成果评估、对改革成果进行表彰奖励等活动中使用。当然，作为一种改革方法，"命令"也被有的研究者视为广泛用于教育改革的宏观策略，"命令只有与持续的对话交流、持久的培训、现场指导、给以充足的时间实施等一系列行为相结合时，才能够较好地运作"[1]。因此，命令法已经不同于基于行政职责的指令发布。

协商法，是指政府及相关部门就有关试点项目设立、制度设计等问题，与有关试点单位进行的正式沟通。协商法是行政部门在新的治理环境下对改革方式的探索，显示了政府与改革试点单位的平等地位。需要指出的是，政府使用协商法不同于常规的行政管理手段，而是基于自身或专业机构的全面评估而实施的改革活动。

指导法，指专业机构接受改革组织者委托或指派，对承担改革项目的试点单位实

---

1 [美]吉纳·E.霍尔,雪莱·M.霍德.实施变革：模式、原则与困境[M].吴晓玲,译.杭州:浙江教育出版社,2004:18.

施改革活动进行的技术支持和专业服务。指导法是专业机构参与教育综合改革的优势手段,主要用于改革实施阶段和制度创新阶段。

调查法,指由专业机构为主实施的,运用规范的程序和技术就教育综合改革有关事项获取改革试点单位、改革利益相关者、专业人员等组织和个人态度或建议的方法。调查法主要用于改革启动、总结推广两个阶段,较多用于改革方案设计、试点制度成果总结评估等活动中。调查法可以使用个别访谈、问卷抽样调查等方式,其调查的内容依据信息来源可以分为:改革项目设立、试点制度成果总结中的公共意见获取;改革方案、制度试验成果中的专家意见收集。

评估法,指运用规范的程序和技术采集利益相关者态度和感受,检验改革预期实现程度或制度创新成果满足制度需求程度的方法。评估的参与者应包括相关政府职能部门、科研部门及试点单位的代表。

媒介法,指政府及相关行政部门通过纸质、网络等传媒就改革成果进行的发布与宣传。与社会媒体的宣传区别在于,政府的宣传包含了对改革成果的"官方认可",因此对试点单位和所有单位都具有特殊的意义。

对"专业方法"作用的重视,是制度变迁与组织学习之间密切关系的反映。通过对改革过程中不同类型专业方法的作用的分析,不仅可以将制度变迁的微观机制揭示得更加清晰,还可以适应学校等教育组织在综合改革过程中的特殊活动规律。在治理研究者看来,在治理过程中一些技术的使用有其独特的目标,无论政府及行政部门还是专业机构,使用上述方法都反映了改革的组织者、参与者对教育综合改革活动过程的一种哲学层面的"认识"。总体上,在理念达成"共识"基础上的应用,比单纯应用一项纯粹的技术手段更有意义。这些手段的运用有利于发挥各级各类教育机构、有关社会组织的主体地位,提高参与主体的改革意愿和改革能力,使教育综合改革实施体现"基于共同愿景的协作成为能力运作的核心原则"[1]。

总体上,应从促进不同改革主体之间互动的视角加以认识上述方法,它们的使用应促进改革决策者与改革实践者的互动,有利于形成共识性改革预期。类似的方法也

---

1 楼苏萍.地方治理的能力挑战:治理能力的分析框架及其关键要素[J].中国行政管理,2010(9):97—100.

是治理实践中广泛采用的手段。萨拉蒙指出如何将共同目标下多元的利益相关者凝聚起来的技能,属于一种新的管理技能,分为激活、组织、调节三种类型。[1] 根据各种技术方法的功能定位,我们可以将上述方法将其归入相应类型:调查法、指导法、协商法属于激活技能;评估法、媒介法、指令法属于组织技能;调控法属于调节技能。上述方法的共同特点是改革参与主体的组织之间或外部组织对改革参与主体的相互影响和作用,目标是使各参与主体凝聚在共同目标之下,为实现共同利益而相互合作。

  综合上述推演,作为实证研究展开的基础,提出分析工具不可避免地面临着理论、技术上的多种困扰。首要的困扰在于,如何协调分析工具的涵摄功能对理论提炼和现实指导的作用关系。周志忍等将这种困扰概括为"理论精当性和现实匹配性的两难困境"[2],即理论精当性要求框架的系统性和完备性,现实匹配性则关注框架是否立足国情并具有针对性。根据研究目的本课题对分析工具的使用主张"现实指导优先于理论提炼"的原则:一方面,作为一个新生的研究领域,教育综合改革的理论探索远未达到成熟系统,只能坚持有限的目标;另一方面,作为应用研究,分析工具的使用在推动教育改革实践方面发挥应有价值。当然,如果分析工具的提出能够引发研究者关注从而推动分析工具的进一步完善,也可以弥补其理论提炼能力不足的遗憾。

---

1 莱斯特·M.萨拉蒙.新政府治理与公共作为的工具:对中国的启示[J].中国行政管理,2009(11):100—106.
2 周志忍,蒋敏娟.中国政府跨部门协同机制探析——一个叙事与诊断框架[J].公共行政评论,2013(1):91—111+170.

第四章 不同改革阶段"跨部门协调"的实证研究

作为部市合作"教育综合改革试验区",上海市自2010年以来开始承担试点任务。在推进试点项目实践中,针对以往改革中不同职能部门协同不足的共同难题,试验区探索形成了"跨部门协调"机制。本章将运用案例研究、深度访谈、政策文献分析等方法,对改革决策、组织实施、制度创新与成果推广等三个阶段的"跨部门协调"实践,进行"全景式"分析。由于制度创新与成果推广的密切关联,拟将两个阶段合并分析,在第三节集中呈现。

第一节 改革决策阶段的"跨部门协调"

改革决策阶段的主要任务是,在调查、研究基础上制定并审议教育综合改革方案。教育综合改革方案是为实现预期目标而设定的组织实施综合改革的计划和总体安排,包含改革预期、改革路径方法、改革实施保障条件等要素。通过多方参与和多种方法运用,改革方案确立了分层次、分类型的改革目标体系。对于改革方案决策过程,重点针对"决策主体""决策方法"两个要素展开分析。主要回答以下问题:哪些改革主体参与到了教育综合改革决策活动中?改革决策过程中使用了哪些技术方法?

一、改革决策阶段"跨部门协调"的多方参与

教育综合改革决策者是由不同背景、多个层级主体构成的一个"复合主体"。参与者包括政府官员、专家学者、一线实践工作者等,层级上包括省、市(地)、县(区)等不同行政层级。依据治理理论主张,地方政府在教育综合改革目标的决策中应成为各参与

决策主体之间协商、对话的桥梁,各方充分表达改革意愿和诉求,缩小对改革目标的认识分歧,最终在政府官员、专家、实践工作者代表之间形成共同认可的目标,即"改革预期"。

以 2010 年试验区对教育综合改革目标的决策为例。在党中央、国务院颁布《教育规划纲要》的同时,试验区即着手进行改革目标决策,决策成果呈现在《上海市中长期教育改革发展与规划纲要(2010—2020 年)》(以下简称《上海教育规划纲要》)[1]中。市政府统筹部署市教育行政部门、一所部属师范大学、市级教育科研机构参与《上海教育规划纲要》制定,以平行推进的方式分别独立承担了一个版本的研制工作,最终由省教育行政部门进行整合后提交审议。最终发布的《上海教育规划纲要》提出的总目标主要是依据对自身发展的独特定位和主要差距确定的,其依据概括性地表述为,"与世界级城市的教育相比、与中央对上海教育的示范引领要求相比、与建设社会主义现代化国际大都市发展定位相比、与人民群众对优质多样教育的需求相比,上海教育在理念、方法、质量,在资源布局结构、师资水平、社会贡献度和国际竞争力等方面还存在较大的差距。"总体目标也反映了国家战略要求,如提出"为国家基本实现教育现代化探索经验"。为了落实目标,《上海教育规划纲要》聚焦关键领域和薄弱环节,启动实施 10 项教育综合改革重点试验项目和 10 项重点发展项目。

观察和分析政策文献可以发现,《上海教育规划纲要》的改革决策实践呈现了以下特点:

其一,体现了"多方参与"的指导思想。《上海教育规划纲要》制定初期,参与力量是开放的,既有行政部门也有高校和科研机构的广泛参与。但是,对于最终正式发布的规划文本,教育行政部门发挥了主导作用,其他职能部门的参与主要以"公文流转"方式和主要领导参加市级领导组织的会议为主。总体上,在改革核心决策形成过程中各相关职能部门的参与程度存在差异。由于这些主体在社会认识的结构中处于"精英"的地位,由这样一个复合主体所推行的改革可以定性为"精英式"改革[2]。因此,改变这

---

[1] 上海于 2010 年 9 月 8 日召开全市教育工作会议,颁布了《上海市中长期教育改革和发展规划纲要(2010—2020 年)》。
[2] 宋兵波.论现代教育改革的社会认识逻辑[J].探索,2001,7(1):60—67.

种以行政部门为主体的"精英式"改革决策模式,是完善教育综合改革决策机制的任务。同时,《上海教育规划纲要》制定完成后还向社会征求了意见,使社会公众也获得了参与改革目标决策的机会。

其二,不同层级政府之间形成了一定程度的互动机制。依据制度变迁的原理,微观主体参与改革试点的重要意义在于,为"非正式制度"即表现为观念、价值、规范的形成提供了实践依据,最终为正式制度的"出场"从思想、信念层面"铺路"。整体性治理理论也同样重视"共识"对于治理主体行动的影响,改革目标提出过程中的参与主体较为广泛,且通过目标形成过程中"自下而上"与"自上而下"相结合的策略,最大限度地发挥地方政府、教育机构和社会组织参与改革的主动性,使综合改革成果更好地服务于本区域教育发展深层次问题攻坚。

研究发现:下级政府、学校以及社会领域主体参与机会的获得和双方能否形成上下互动的过程,主动权掌握在地方政府手中,受地方政府实施改革的指导思想的影响制约。省级层面的改革项目相对较为宏观,社会公众参与改革目标决策的方式较少,渠道较为单一。在区级政府层面和学校层面,改革项目则表现出了不同的特征,对此将在后续的实证章节中呈现。

二、改革决策阶段"跨部门协调"的技术应用

教育综合改革的决策过程是不同改革主体就改革预期进行互动的过程,规范科学的决策需要依托一定的技术方法。整体性治理要求参与主体在治理目标上形成共识,且这种共识的形成应依托于特定的程序和技术。有学者指出,在复杂的统计、调查、实验、分析的教育调研基础上进行"科学的"教育改革的决策,已经成为许多国家进行宏观层面教育改革的行动逻辑[1]。上述实践中呈现的从"精英式"改革决策向"科学的"改革决策的发展,需要依靠特定的程序和技术,这也是改革主体展现改革能力的重要方面。依据观察,对技术方法的运用在不同层级之间并没有特定的规律,主要决定因素是改革涉及的制度创新的复杂性,其次也受到改革组织者指导思想的影响。主要发现

1　宋兵波.论现代教育改革的社会认识逻辑[J].探索,2001,7(1):60—67.

如下：

一是改革目标决策过程中，对"政治风险"的考量始终居于首要地位。实践中改革目标的决策首先依据的是国家的政策文本和对官员话语的领悟，而中央政府召开的专题会议对省级政府决策通常会产生直接而迅速的影响，重大任务还会以专题会议方式提出省级政府的决策目标。

分析表明，改革目标决策过程中，一方面，省级教育行政部门始终保持着较强的"政治敏感性"，在风险控制上发挥着不可替代的作用，这种敏感性也会以"组织纪律"的方式传导到承担改革任务的下级政府和学校。如区教育行政部门对此表现出了相似的敏感性，"我们的课程改革涉及到学前、义务教育、高中教育各个学段，但是高中宣传力度非常小。因为高中阶段改革非常敏感，很多东西不是我们区里能做的，因为它是政策性的。况且现在高考改革，区县不能有太多东西，要跟着市里走，高中改革说到底是高考的改革……我们在政策上主要看市里，像高考改革这种敏感项目是有组织纪律来约束的"(B-X-20161009[1])。另一方面，省级政府指派的专家在对省级教育综合改革项目进行指导过程中，也会把政治方向把握作为重要责任。如市级教育行政人员在访谈中提到的，"(委派的专家对试点单位的)帮助体现在：一是在整体政策上，区里和市里是不是相吻合；第二个是和国家整体的法律依据、理论依据是不是吻合；第三个是M区整体实施引起的一些风险，对其他区造成的影响是不是需要市里关注"(A-Q-20160705)。

二是改革目标决策与任务分解中，不同程度地运用了专业技术方法。综合改革目标决策中，要依据"重点领域和关键环节"制度创新的要求，以调查研究等方式听取各级决策者、实践者和利益相关者的意见，使各方主体对相应综合改革项目的诉求得到充分表达。就省级政府而言，改革组织者运用专业技术的意识是明确的。比如，省级教育行政部门在做一项涉及进城务工人员子女入学的改革项目决策前，"为了详细了解和把握在沪进城务工人员的构成、来源、职业、留沪原因、居住等情况，我们委托教科院民办所搞了大面积的抽样调查，发了8 000多份问卷。在掌握大量的一手数据后，再

---

[1] 本部分对访谈记录的引用格式，以"B-X-20161009"为例说明：B指项目B；X指访谈对象X；20161009为访谈时间。以下同。

进行实证分析,然后才能得出结论"[1]。

但是,不同层级的政府对"为何使用""如何使用"技术方法的意图存在一定差异。比如,"完善政府学前教育公共服务职能"项目实施中,充分运用了专业技术,确保了后续改革实施的规范性,通过这些方法将"家长""其他职能部门"等参与者"顺理成章"地纳入到了教育综合改革活动中。案例4-1呈现了,省级政府与作为试点区的下一级政府综合改革目标决策中专业技术运用的差异。

案例4-1:"专业方法"在教育综合改革决策中的应用

"完善政府学前教育公共服务职能"属于国家教育体制改革项目,在上海全市试点并在M区先行试点。该项目的目标是"强化政府学前教育公共服务职能,创新学前教育体制机制,构建与上海建设国际化大都市相适应的,公平、普惠、多元的学前教育公共服务体系,满足居民对学前教育的需求,推动学前教育事业的可持续发展,为儿童的终身发展奠定良好的基础"。

对于该项目,在省级层面决策目标提出的依据主要包括:中央政府要求,例如《国务院关于当前发展学前教育的若干意见》和全国学前教育电视电话会议提出的要求;市政府发布的行动计划,例如《上海市学前教育三年行动计划(2011—2013)》等。M区政府在承担该项目试点任务时,使用的决策方式则有明显的区别。尽管对于《上海规划纲要》的总体目标、战略部署,上述的市学前教育联席会议、市政府常务会议均提出了指导意见,但是仍然不能满足试点项目目标的决策需求。为此,区政府在制定《整体实施方案》过程中,采取了以下技术方法:一是教育部门专门组织人员对全区学前教育资源分布情况、流动人口的数量做了调查,发现了资源分布的总体情况,明晰了制度设计面临的资源约束条件;二是制定了《非上海户籍人士子女就读幼儿园情况》调查方案,拟定了相应的调查提纲,选取了有代表性的十余所幼儿园进行访谈,对全区非上海户籍人士子女接受学前教育情况进行了问卷调查。整理、分析调查所收集的资料后,撰写了《关于M区非上海户籍人士子女就读幼儿园状况的调查报告》。在综合这些技

---

1 尹后庆.推进综合改革试点项目深化上海基础教育转型发展[J].上海教育科研,2012(2):5—8.

术方法成果基础上,2011年3月25日,区人民政府下发了批转《〈强化政府公共服务职能,提升学前教育公共服务质量〉整体实施方案》的通知,发文对象为各镇人民政府、街道办事处、××工业区管委会,区政府各委、办、局。

案例4-1显示,对作为决策结果的实施方案的发布属于表3-5中的"命令法"。但是在制定阶段,使用了不同的专业方法:比如对学前教育资源分布、流动人口数量做的调查,则属于"评估法",对于十多所幼儿园的访谈,以及对非上海户籍人士进行的问卷调查属于"调查法",均由专业机构或专业人员实施。这些方法获得的结果作为确定学前教育资源提供能力、非户籍人士子女学前教育需求的重要依据。通过访谈相关参与者,揭示了专业方法的运用对于M区这类"微观主体"而言是自觉的,并非因为上一级政府的指令或部署。其中一个重要原因是试点改革实践中可能出现的这类技术规范问题,迫使"微观主体"主动寻求多种专业技术的支持。如区教育局学前教育科长所讲的,"现在遇到一个问题,就是材料审核。我们很难把握提交材料的真伪,具体审核我们是以街道为单位做的。审完再根据(街道范围内提出申请的非户籍人士子女的)积分、(街道可以提供的)学额进行统筹安排"(A-H-20141211)。省级政府和区县政府采用的改革目标决策技术的区别在于:省级政府更加注重中央政府文件和会议要求的落实,体现了主要以"行政力量"推进的特点,充分运用了"解决问题"等固有的行政思维;区县政府则由于需要使政策更具有操作性而使用了较规范的技术方法,也更加重视专业方法和行政方法的相互促进。

第二节　改革组织实施阶段的"跨部门协调"

改革主体范围的扩大要求教育综合改革的组织程序、实施策略作相应改进。改革参与者跨越了传统教育改革的边界,各方主体关注的利益有别,对改革实施中的策略使用提出了更复杂的要求。参考整体性治理理论,对改革实施过程的分析将重点聚焦于对各参与主体间的"合作"行为,包括政府体系内不同职能部门之间的合作,以及政府与"微观主体"之间的合作。

一、不同职能部门之间的协调

教育综合改革中政府部门之间的合作,是基于平等地位的"合作"。其目标是完成"共同的"改革任务,实现改革预期,因此首先应超越"部门利益",确立共同的改革意愿。这与行使职能意义上的"协作"是不同的。整体性治理主张在不取消部门专业分工前提下实现跨部门合作,提出围绕结果和目标对组织结构进行设计,包括传统的自上而下的纵向层级结构与横向功能结构以及横向功能结构之间的协调发展[1]。本节对教育综合改革活动的案例分析,集中在横向的政府职能部门之间。教育综合改革涉及教育、发展改革、财政、人力资源、规划土地等职能部门,这些职能部门间的协调对效率都有制约作用,属于协调的重点。

由于层级相同,职能部门间的横向合作需要有一个协调机构负责"发起",这关系到省级政府将以何种组织形式对本级教育综合改革进行协调。按照整体性治理的相应主张,横向职能部门间的协调并不打破既有的职能分工,而是各部门在改革事务实际运作中实现"整合"的组织结构方式。比如,上海最初负责教育综合改革协调的机构是"上海市教育体制改革领导小组",2015年提升为"上海市教育综合改革领导小组"。目前,针对统筹领导教育综合改革建立的机构包括:教育综合改革领导小组、综合改革咨询委员会,为非常设机构,分别代表行政部门和专业部门,同时相应设立了常设性的"综合改革办公室"和"咨询委员会秘书处",分设于教育行政部门和教育科研机构,分别承担领导小组和委员会的日常工作。案例4-2重点呈现了"平方会"这一地方政府协调机构的运行机制,以及这种协调对各部门参与改革产生的影响。

案例4-2:"平台会":一项跨部门协调的创新机制

市级层面的决策平台在2014年前后有两种形式:2011年成立了由市委副书记和副市长任双组长,市教委、市发改委、市财政局等24个委办局领导为成员的"教育体制改革领导小组",同时建立了每月例会制度。2014之后教育综合改革实施中进一步改

---

[1] 胡佳.整体性治理:地方公共服务改革的新趋向[J].国家行政学院学报,2009(3):106—109.

革完善了市级教育综合改革决策机构。如市委于2015年1月印发通知,成立上海市教育综合改革领导小组,组长由市委副书记和分管副市长共同担任,成员单位由原市教育体制改革领导小组的22个部门扩增至32个,议事范围由原来的教育体制机制拓展至整个教育综合改革重大事项。"市教育综合改革领导小组"负责组织落实中央重大教育改革举措,审议决策本市教育领域重要制度、重大事项、重点项目,统筹部署全市全局性、长远性、跨区县跨部门的重大改革工作。

领导小组进行专题决策的会议也被通俗地称为"平台会",比如曾以专题会议方式先后研究审议了高中学业水平考试和高中学生综合素质评价实施办法、第三期学前教育三年行动计划(2015—2017年)、高等教育布局结构与发展规划(2015—2030年)、现代职业教育体系建设规划(2015—2030年)等重大教育改革议题。对于领导小组会议决策结果的效力,"每个季度我们都要召开1—2次平台会,市委、市政府给我们的权力是平台会出的会议纪要,就等同于这个市政府发的文件,大家都要执行"[1]。此外,经市教育综合改革领导小组全体会议(会议纪要)审议通过,每年都印发"上海市教育综合改革年度工作要点",作为指导各部门协同落实年度教育综合改革任务的依据。

同时,教育行政部门还在教育系统内创新了推进教育综合改革的工作机制。在市教育卫生工作党委、市教委内部成立教育综合改革工作协调小组,由市教育工作党委书记和市教委主任担任双组长;协调小组下设基础教育改革、职业教育与高等教育改革、终身教育与民办教育改革、考试招生综合改革、干部人事薪酬机制改革等10个专项组,每个专项组由2名两委班子成员担任双组长,统筹负责研究、组织、协调和推进既定的教育综合改革任务。目标是建立两位分管领导协同负责,相关各业务部门配合的机制。

通过案例4-2可以发现,试验区在建立承担统筹指导职责的组织机构、完善相关领导协调机制方面,摸索出了一系列行之有效的工作经验。

一是通过创设基于特定组织载体的"协调机制",实现了从"以职务权威为依托"的

---

[1] 唐景莉.争取率先创建世界一流教育——访上海市副市长翁铁慧[J].中国高等教育,2016(Z2):26—31.

协调向"以组织权威为依托"的协调的转型。周志忍等按照所依托权威的类型,将跨部门协同模式分为"以职务权威为依托"和"以组织权威为依托"两种基本类型,前者以任职的领导者个人为代表,后者则以拥有特定权力的机构为代表[1]。本案例中,市级层面教育综合改革协调的组织载体是"市教育综合改革领导小组",从组织成员构成和运行规范角度看,属于一种兼有行政文化传统和组织创新特点的协调机制:一方面,仍然重视发挥"领导重视"的作用,这符合我国行政管理中高度依赖"职务权威"的传统。比如,包括市委分管副书记在内的市级领导对教育综合改革的很多重大部署都会深入询问[2]。另一方面,从组织领导机构成员单位构成、职责定位看,具有由行政公文授权的合法性,成员单位构成体现了教育综合改革的任务要求和相关职能部门的广泛参与,职责定位上突出了方向性重大决策的重点任务。就此意义上,这种协调机制产生的权威与以"领导重视"为表象的领导者"个人职务权威"有本质区别。通过明确职责分工、领导体制和运作方式,这种机制在协调的制度化、规范化方面进了一步。从实际效果来看,这种由相关职能部门共同参与的决策协调机制有助于突破教育部门"自己设计自己改"的"内循环"改革路径,为实现跨部门的制度创新提供了条件。

二是形成了"约定俗成"的决策结果生效机制。例如,领导小组建立了"每月例会制度",根据议题性质决定召开全体会议或专题会议:对涉及全市教育改革和发展、需要全体成员单位协调的重大问题,召开全体会议议决;对涉及某一类或某一方面教育、需要部分成员单位协调的问题,召开专题会议议决。再如,对于决策成果使用固化为特定"程序"的情况,通常在会后由市政府办公厅下发纪要至各成员单位及有关单位,各单位及时落实相关工作。这种"程序"也是构成"协调机制"的要素,使协调机制带有了"组织权威"的属性。

二、 政府职能部门与微观改革主体之间的协调

在现行管理体制下,政府及教育行政部门主要采用基于政治权威的管理方式,与

---

[1] 周志忍,蒋敏娟.中国政府跨部门协同机制探析——一个叙事与诊断框架[J].公共行政评论,2013(1):91—111+170.
[2] 唐景莉.争取率先创建世界一流教育——访上海市副市长翁铁慧[N].中国高等教育,2016(Z2):26—31.

教育综合改革的性质和实施方法表现出了一定程度的不适应。依据制度变迁理论,地方政府与微观主体分别作为"初级行动主体""次级行动主体"共同完成制度变迁。实施教育综合改革要求地方政府首先从价值层面转变指导思想并从行为层面改变传统管理方式,并用以下发问"检视"行为方式的效果,比如:如何依据试点单位属性差异为其改革确定探索空间,如何为其改革实施提供特有资源支持和个别化专业技术支持,等。实践分析关注的是参与者尤其是微观主体在改革过程中意愿表达以及改革诉求的满足程度。"合作"方式主要表现为三种形式:

(一) 对"试点单位"实行分类指导

对试验区改革项目的总体观察发现,省级政府能够依据任务属性对试点项目进行细分,并逐步完善组织、指导策略。根据改革任务的事权职责,分市级、区县政府和高校三条线编制综合改革方案,分类予以推进。在教育综合改革进入第二阶段后,明确提出对不同改革参与主体实行"分类管理"的要求。在2014年11月印发的《上海市教育综合改革方案(2014—2020年)》中,试验区把"分类"的指导思想转化为具体管理行为。"分类"就是分市级、区县政府和高校三个条线同步推进,确保各地各校按时保质完成综合改革方案的编制工作:在市级层面,重点构建市级教育统筹机制,在顶层设计、教育资源供给配置、各类教育标准制订、教育投入产出绩效评价等方面,为各区县和各级各类学校推进改革创造条件;在区县层面,尊重区县实际,分整体改革试验和特色改革试验两类推进实施综合改革,其中14个区县选择实施总体改革试验,3个选择特色改革试验;在高校层面,要求每一所市属公办高等学校在全面分析现状问题基础上,以构建完善学校内部治理结构为基础,促进高等教育内涵式发展为重点,立足校情编制实施深化综合改革方案。省级政府职能部门也针对不同对象发布更具针对性的指导意见,如市教委制定《市属公办高等学校深化教育综合改革指导意见》,专门对"市属公办高校"这类试点单位开展综合改革指导。分类指导的效果体现在,较好地契合了试点单位的改革需求,对于提高参与主体的改革意愿产生了积极影响。

分类指导一方面反映了省级政府对改革复杂性认识的深入,另一方面也对自身能否用好"专业方法"提出了挑战:一是细分之后对改革组织者能否提供专业的指导提出了考验;二是改革成果的个案性导致改革组织者对其进行评估认定存在着更大的专业技术风险。对此,省级政府也是有预案的,如2014年10月制定的"《上海市教育综合改革方案(2014—2020年)》项目任务一览表"中对改革项目技术上可能遇到的问题进行预判,对后期需要提供的专业支持类型做了初步描述。比如其中提出,凡标"★"符号的,属于重点/难点项目,各处室也可结合实际,进一步标注"★"符号,但要与综合改革办公室协调确认;设置"是否需试点"栏,对于需要在部分区县或高校先行试点的项目,打"√";设置"所需委办局支撑"栏,列出提供支撑的本市委办局名称;"所需国家部委支持"栏:请列出需要提供政策支持的国家部委名称;"所需专家支撑"栏:请推荐支撑项目推进的专家学者,可作为教育综合改革咨询指导委员会专家备选名单。

(二)向微观主体进行改革授权

下级政府职能部门及各级各类学校在改革实施中的职责及参与方式,受地方政府向微观主体赋予的"权利"和提供的"资源"制约。教育综合改革中需要优先配置的"权利"和"资源"表现为以下形式:

一是政策性资源的提供。政策性资源是指试点单位开展教育综合改革所需的"优惠政策""先行试点权利"等,通常在审核改革方案或下达允许试点的文件中予以明确。这种激励政策的对象可以分为两种类型:一类是针对无意从事该行为的主体,通过转变改革预期、激发改革动力,引导他们投入教育综合改革活动中;另一类是对已经参与综合改革活动的主体,使其参与改革的行为更加持续稳定,对改革持有更加积极的预期。

二是人、财、物资源的调配与授权。教育综合改革需要一定的人力、物质资源投入以及必要的经费资助,但是其重要程度低于政策性资源。如项目B"促进高中教育优质多样特色发展试验"中,建立创新实践基地需要有关社会机构提供场地、设施等条件支持,需要政府相关职能部门"出面"从政策上予以协调。案例4-3呈现了在各部门权限存在差异条件下,进行跨部门协调的现实意义。

案例4-3:支持高中多样化改革的部门权限差异

针对"促进高中教育优质多样特色发展试验"项目,《上海市推进特色普通高中建设实施方案(试行)》提出,在全市建成一批在多个领域有效满足学生多样化学习需求的特色普通高中,并成为各特色领域的课程建设高地和教师研训基地,推动本市高中特色课程资源的辐射共享。市教育行政部门基教处负责人表述了他们对这一目标的认识,"由于其核心目标是引导普通高中学校找准发展阶段、聚焦特色课程建设,提升学校特色办学水平。要明确课程在多样化发展中的核心地位,以课程为载体实现多样化,并在原则和指导思想上有所体现。高中教育多样化发展的一个重要标志就是教材、课程的多样化"(B-Y-20110110)。依据这一总体目标,方案提出了包括特色高中建设行动策略、建设路径、目标在内的总体构想。对此,方案围绕增强课程多样性、选择性创设政策环境,提出"项目学校可根据本校特色课程体系建设和实施方案,调整课程设置和时间安排,自主制订学校课程计划"。在明确了学校课程计划须经市教委审核,课时不得突破高中课程总课时等原则基础上,重点从资源、管理、评价等环节提出了保障和引导措施。

以资源保障为例,主要涉及经费保障和师资保障。在经费保障方面,对参与特色普通高中建设项目的高中学校,省级政府将给予一定的经费支持,同时要求学校所在区县教育局要配套投入特色办学经费和后续持续发展经费。特别提出,区县教育局要设立"特色教师培训专项经费",进一步加大对特色教师引进和培养的力度。在师资保障方面,一方面对于经过评估认定为省级特色普通高中的学校,区县政府要保障承担学校特色课程的开发实施和辐射指导的教师配备,所需编制由各区县在教师总编制中统筹安排。另一方面,基于"资源共享"的思路提出整合特色教师资源,建立特色教师合理流动与资源共享机制,促进学校加强与高校、科研院所、社会专业团体以及职业学校的合作,努力建设一支满足学生个性发展和学校特色发展需要、专兼职相结合的特色师资队伍。

实施过程中,以资源保障为例,两个方面的资源在保障上面临着不同局面:经费保障计划得到了较好落实;师资保障各项措施的落实却遇到了不同程度的困难。C区在开展试点中率先碰到了这方面的问题。"我们C区现在做的只是区内能做的事情,我们需要市里支持的内容有没有?有!比如说,高中课程改革实施走班制以后,老师的工作量和原来是不一样的,特别是第一年老师的工作比原来有所增加,是显性的工作量。第二个是隐性的,改革之后考的东西是不一样的,教研的内容也不一样。那么对这一块来讲,区里投入的力度非常大,教育学院还出了一个学科标准……"(B-X-20161009)。而有些困难却不是区里能够解决的。"结构缺编的问题,我们现在是通过一个平台去解决或者通过教育行政部门的命令通过教师走校来完成。如果市教委或区县有一个教师储备的话(就好了),这个就是试点面临的问题。所以我们区县能做的是有限的"(B-X-20161009)。经过深入访谈发现,这种障碍并不能说明相关部门对这项改革不支持,而是由于不同部门对政策执行或调整权限的差异所导致的,即教育部门认为权限在人社部门,而人社部门事实上不具有直接突破编制数的权利。这种问题的解决需要借助于"程序性协调"技术的运用。

这表明,在新一轮教育综合改革中,推动普通高中多样化发展已经成为教育行政部门和学校协同参与的改革活动,教育综合改革正是为这种跨部门协同提供了试验空间。案例中省级改革方案的落实,既有成功的地方也有并不理想的地方。成功的方面在于教育部门内部能够协调的事项,比如提供经费、称号命名等来自行政部门的直接支持,以及在制度协调下实现了学校之间课程资源的区域内共享。比如,C区在改革后期已经建立了覆盖区域内初中、高中等相关学段的网络选课平台,实现了课程资源的校际之间共享。关于"师资保障"目标实施过程中,教育综合改革的"瓶颈"问题呈现了出来,解决的难度集中体现在能否实现跨部门协调,以及各部门对政策认识和执行标准上的差异上。

结合个案和对其他项目的观察,本研究发现了微观主体活动状态的一些初步规律:

一是注重为微观主体提供传统物质、人力资源,激励性政策资源的运用还需要予以强化。分析表明,试点单位逐步突破了对传统资源过分依赖的状况,对放权、成果认可等制度资源的要求更加迫切。如案例4-3所述,改革项目涉及的制度资源包括特长教师培养、评选的规范,指导学校分类发展的措施,对特色学校认定和激励的规范,鼓励各类社会机构支持普通高中多样化发展的规范等。但在具体实践中,这些方面制度创新普遍面临着现实困难。以"学分制"供给为例,课程改革在促进学校之间资源共享、为学生提供更加多样的选择机会方面,迫切需要建立覆盖不同学校的管理制度。

"通过学分制改革实现学分在不同学校之间互认,学生可以到其他学校选修相关课程并获得学分,这样培养学生逐步学会选择。进一步,还要提供学制上的保障,实行弹性学制,实现普职互通,甚至高中与大学的衔接"(B-Y-20110110)。这也正是多样化发展目标的特殊性与制度刚性规范之间调和的复杂性所决定的,考验的是地方政府的制度创新理念和技术。

二是对于微观主体的持续激励还需要深入探索。目前,一些政策性激励措施的使用,市区教育行政部门总体上持有更为积极的态度。不论省级政府还是下级政府,都对行政部门职责的有限性、对政府和学校在改革中的关系有充分认识。正如区教育行政部门负责人所说的,"'十二五'顶层设计是教育局、教育学院完成的,'十三五'也是这样。顶层设计之下才是学校制定方案,学校可以根据自己情况请专家,经过审核之后(科研室)每个人跟进一个(项目)。……(教育综合改革项目实施过程中,)科研室、学校、教育局三位一体,学校是(改革)实践主体"(B-X-20161009)。

第三节　制度创新与成果推广阶段的"跨部门协调"

新制度经济学将"制度"视为由不同层次要素构成的整体。教育改革中的制度创新包括制度设计、政策选择、技术保障三个方面,改革的整体性要求制度的这三个层面上应该是配套的[1]。没有可操作性的技术,创新的制度难以落到实处。在本研究中作为分析对象的"制度",既包括地方性法规、政府规范性文件,也包含政府各部门和各级各类学校出台的与综合改革目标相关的成文规范和管理办法,以及配合这些规范、管理办法实施的技术方法。

一、制度创新过程中的跨部门协调

教育综合改革涉及诸多跨部门的制度创新任务,并非政府某一个职能部门独立设计出台即可,这是教育综合改革的难点所在。不论制度创新首先发生在哪个层级,都

1　谈松华.深刻把握当前中国教育改革的特点[J].中国教育学刊,2011(6):3.

需要试点单位掌握跨部门政策协调技术。这也正是整体性治理倡导的"整合、协作与整体运作"的价值所在。跨部门协调技术在不同问题情境下的应用，恰恰反映了"综合改革"方法的价值：一是在准备阶段，各部门就要建立沟通机制，明确制度创新的目标，形成共识；二是在实施阶段，各部门针对制度设计涉及的政策障碍进行协调，这是跨部门协调的重点。本节重点分析跨部门协调的水平，以及协调机构在其中发挥的作用。

一是跨部门协调的水平分析。如前文所述，教育综合改革的跨部门协调技术可分为"结构性协调"和"程序性协调"。根据对案例分析和观察，"跨部门协调"分为两种情形：一是部门间的结构性协调，是跨部门政策协调的重点方向，是教育综合改革追求的一个方面目标，由上海市教育综合改革领导小组主持完成的，主要运用的就是"结构性协调"技术；二是部门间的程序性协调，这是教育综合改革实施制度创新的"关键行为"，是教育综合改革中政策协调的最高要求。随着教育综合改革不断深入，程序性协调的任务比重会逐步取代结构性协调从而占据主导地位。案例4-4对"完善非本市户籍常住人口教育保障机制试验"项目在制度创新过程中程序性协调的技术运用进行分析。

案例4-4：制度创新过程中如何进行跨部门协调

改革试点过程中，M区针对非本市户籍常住人口子女接受学前教育，采用了多种"协调技术"。首先，传统的协调技术仍然发挥了不可替代的作用。比如，在区级，《实施方案》中对于试点工作中各项目组成员单位的构成、职责等做了详细规定；在镇级，区教育部门与试点镇政府联合成立了"M区非上海户籍人士子女积分制入园"项目试点工作小组，办公室设在镇教委，由双方共同实施项目试点。这是一种典型的结构性协调，对各部门之间依据职责协调推进试点项目发挥了"制度化"协调作用。其次，M区先后出台了《M区学前教育三年行动计划（2011年—2013年）》《关于进一步规范M区非上海户籍人士子女申请就读公办幼儿园的实施办法（试行）》《M区对公建配套民办幼儿园进行财政补贴的管理办法》《M区对低保家庭子女接受学前教育进行资助的实施办法》等系列文件，从改革试点项目设计和实践推进两方面形成了比较完整的方案和可操作的办法。这些文件属于人口、教育和财政等多部门间"程序性协调"的成果。

与结构性协调相比,程序性协调的技术要求更为复杂,依据协调客体可以分为三种类型:一是基本制度的协调。比如在试点过程中,M区教育部门与卫生局、人口办等部门紧密合作,对《关于进一步规范M区非上海户籍人士子女申请就读幼儿园的实施办法》多次进行协商、研讨。二是教育资源的协调。根据各镇、街道所承载的非上海户籍人士子女入园人数与可提供的学前教育资源种类情况,根据"相对就近,分类入园"的原则分配数额不等的入园指标,以镇、街道为单位,申请人根据积分高低,享受就近入园的相应待遇。三是操作程序的协调。积分制信息的录入与真实性的核查需要不同部门合作完成。在"非上海户籍人士子女信息采集系统"中输入的都是能被各级各类幼儿园录取的幼儿信息,而在看护点就学的幼儿由于其流动性大,信息的采集和输入都比较困难。另外,由于对外来人口的管理还没有被纳入到公安等相关部门的统一管理范畴中,因此在审核材料的过程中,无法准确验证家长提供信息的真实性,给积分统计的公正性带来了困难。

案例4-4获得的启示,与理论建构阶段形成的判断是一致的。首先,各部门对制度创新的参与不应局限于制度设计环节本身,而是应参与试点全过程,对试点的背景、思路、目标有清晰的把握,这样便于获得"改革共识"以消除思想认识分歧,从而在制度设计中保持相同的价值观和改革预期。"M区非上海户籍人士子女积分制入园项目试点工作小组"就属于结构性协调,通过制定《实施方案》对项目组成员单位职责做出明确规定,为后期各部门参与程序性协调提供了制度保障。其次,程序性协调主要解决部门合作中的具体技术问题。比如,对各镇、街道所承载的非上海户籍人士子女入园人数与可提供的学前教育资源数量的调查和分配,就属于程序性协调。本案例也发现,一些难点技术问题的程序性协调仍没有实现预期目标。比如,由于对外来人口的管理还没有被纳入到公安等相关部门的统一管理范畴中,导致审核材料过程中无法准确验证家长提供信息的真实性。教育行政部门和人口管理部门对于谁首先应该建立"实有人口管理系统"持有不同看法。正如区级行政人员提出的,"家长唯一一个就是可能会对你计算分数会有些质疑。这和我们审核材料时真假审核的问题是一样的。

人口部门认为我们应该在最前线,我们其实不是,应该是在人口部门有一个统一的管理平台。家长是对这个有异议,不是对我们的政策设计有异议"(A-H-20141211)。实践中,区政府试点中面临着大量部门间协调的政策问题,协调难度在于对于同一问题的认识不同。案例涉及的这一问题必须通过教育部门、人口部门与公安部门之间的程序性协调予以解决。

二是综合改革组织机构在跨部门协调中应如何发挥作用。访谈中我们了解到,省级层面的跨部门协调是政策协调的难点和关键环节。对此,改革组织机构通常是将需要协调的政策提交给省级教育综合改革领导小组进行审议。但是,协调结果有时符合改革预期,有时不符合改革预期。究其原因,所需协调的制度性质与下级政府部门之间协调的政策性质不同,下级政府协调的主要是操作实施性质的制度,不涉及政策的系统变革,而省级政府需要创新的制度涉及到与现有上位政策的协调,或者对上位政策进行重新设计。省级案例显示,组织机构的协同主要是以教育职能部门内部协同为主,遇到需要其他部门参与的主要通过"平台会"实现实质突破。与"教育综合改革领导小组"这类主要进行结构性协调的议事机构相比,"平台会"则侧重于政策的具体技术、方案的协调,带有明显的"程序性协调"功能。

从外部看,不论横向还是纵向,教育之外有关部门协调合作的制度供给实践较为缺乏,反映了制度供给的系统性、配套性有待加强。省级和县级政府协调的难度不同、目标不同,产出也不同。就区县等省级以下地方政府而言,当其政策与国家和省级政策有冲突时,微观主体多数情况下会选择"不触碰"策略,尤其是考试招生制度等敏感性较高的改革项目。如项目B"促进高中教育优质多样特色发展试验"中,到目前为止仍未实现对特色课程师资的政策配套。比如某局长针对高中多样化发展的师资编制限制的问题说,"人社局说他们尽可能支持,比如他们答应先招聘然后再解决编制问题。至于政策上无法突破,他们表示也没有办法,难度在上头"(B-X-20161009)。而基层政府所说的"上头"则不限于某一个职能部门,而是一个涉及多个职能部门政策协调的技术性问题。这也得到了省级教育综合改革部门人员的回应,"'十三五'期间的综合改革主要任务是落实,制度创新的主要责任在市里。设计出来的制度能不能执行根本在于省级政府"(B-L-20161025)。改革中后期,省级政府已经将其作为省级教育综合改革领导小组决策的议题之一。在协调过程中,教育行政部门既感受到了相关部门的阻力,同时也找到了一些协调方法上的"窍门"。"以调整中小学教师编制标准为例,教委说了不算。教育部门提出要适应课程多样化和高考改革要增加教师编制尤其是高中,先让编办拿出来,我们不满意,不满意就加,他又不满意,再不满意就找市长。现在修订中小学教师编制标准是希望契合高中改革,给高中教师留点余量,但这个编办是不会同意的。那么我讲我同意的理由是什么,你(编办)讲你不同意的理由是什么。综合改革在机制上典型特点就是'吵',吵到不可开交的时候就去找领导。领导嘛很简单,你退半步,他退半步,形成一个妥协的方案,只能是这样。这个就是综合,这个总归是离你的目标近了,什么改革都想一步到位是不现实的"(B-L-20161025)。

二、制度创新成果识别与推广中的跨部门协调

改革实施中后期,省级政府组织实施教育综合改革的主要任务应转向对制度创新成果的识别,并在区域范围内进行成果推广。成果识别是对微观主体从事制度创新的一种组织化的激励手段,也是对微观主体制度创新成果的"吸纳"机制。理论上,制度创新成果识别、推广的"意义"主要表现在:一方面,是对微观主体制度创新行为形成一个"保护带"。可以"使新的制度安排在没有获得全面的合法性之前,具有局部范围内的合法性,避免新制度安排在没有取得效果之前就被扼杀在摇篮里"[1]。另一方面,是通过"吸纳"微观主体的制度创新成果,克服省级政府单独从事制度创新的信息局限、视野局限。

依据基础理论,本部分对制度创新成果的认定与推广中的协调方法,重点关注"行政方法"和"专业方法"两类协同机制。改革实践观察表明,对于制度创新成果的认定由谁发起是一个"两难问题"。如果由省级政府发起,属于一种"行政方法",将受到信息不对称的限制,影响到进入其视野的成果的代表性和权威性;如果由微观主体发起认定,则会受到行政"层级差异"对其主观意愿的制约。尽管微观主体对于自身制度创新成果获得认可具有主观期望,但仍保持着异常谨慎的态度,通常选择的策略是"被动

---

[1] 郭小聪.中国地方政府制度创新的理论:作用与地位[J].政治学研究,2000(1):67—73.

表达"。如某局长所说的,"(对成果的认定)希望上面来下面调研,我们没有这个反映的途径,跟谁反映呢,这个不太好"(B-X-20161009)。

运用"专业方法"进行制度创新成果的认定正是解决这一两难问题的最优策略,一方面可以克服政府直接运用"行政方法"的信息局限,另一方面也可以较好地保护微观主体的"面子"。"专业技术"的运用要回答两个问题:一是哪些人员、机构应该参与制度创新成果的认定工作?对制度创新成果的认定是一项应由多方参与、技术规范性较强的工作。为保证客观性,认定的参与者应包括相关政府职能部门、科研部门及试点单位的代表。二是采用何种方法认定制度创新成果?通常可以采用公众投票、专家评审等形式。对于不具备这方面专业技术的政府部门,可以委托专业机构对成果的科学性、执行效果等进行评估,或者采用社会调查方法了解利益相关者对制度的感受。

根据教育综合改革不同项目制度供给的需要,制度创新成果的推广,既可以向区域范围内推荐制度创新成果案例,也可以整合微观主体制度创新成果在省级政府层面另行供给新的制度。前一种形式对成果案例的推荐通常不进行"加工"。例如,上海市为总结交流各区县、高校深化教育综合改革的举措和成效,梳理汇总可复制、可推广的改革经验,以《上海市教育综合改革典型案例(2015年)》的形式予以公布。对于后一种形式还需要省级政府对微观主体的制度创新成果进行调试、修正,根据适用环境进行技术上的完善,以便于在更大范围内推广应用。

教育综合改革制度创新成果的推广(或扩散)需要发挥扩散主体和区域内所有主体两个方面的作用。制度创新成果的推广只是省级政府单方面采取手段,并不能保证成果被区域内未参与试点的单位接纳。有研究者用制度"势差"来描述区域内不同单位对制度创新的接受度:地区间制度"势差"即相应的知识存量和体制优势度差距越大,可以学习、模仿的潜力和赶超的余地就越大,制度创新的学习效果依赖于双方是否有适度的"势差"[1]。省级政府作为扩散主体,需要依赖相应的扩散技术,对制度创新成果在不同类型的区域主体接受的意愿、学习借鉴能力进行分析并提出扩散计划。比如,在"完善非本市户籍常住人口教育保障机制试验"项目中,《关于进一步规范M区

---

[1] 高进田.增长极理论与国家综合配套改革试验区建设[J].财经问题研究,2008(2):120—124.

非上海户籍人士子女申请就读幼儿园的实施办法（试行）》首先在3个镇进行试点，取得了一定经验，于2012年扩大至7个街镇，2013年又新增了1个镇和1个街道，使积分制入园试点范围扩大到9个街道和镇，近1万余名非上海户籍幼儿参加了积分制入园。"M区试点这个项目的意义，在于其前期研究，在于它形成了一种（可以在其他地区使用的）规范和程序。积分制本身不是主要成果。可以说，怎么积分、怎么换算，这一套系统办法是最大价值所在，而不是积分本身"（A-H-20141211）。

教育综合改革中的成果推广并不限于制度创新成果认定之后，也可以发生在试点过程中。"促进高中教育优质多样特色发展试验"项目就采取了这种推广方式。该项目在三年行动计划中提出，"项目组通过实地考察和专家组审核，遴选学校，组织开展面向全市的特色普通高中项目展示活动，展现创建成果，辐射成功经验。三年行动计划期间，计划每半年举行1—2次特色普通高中项目展示活动，每年举行3—4次特色普通高中项目展示活动"。实践中，省级政府重视对下级政府和学校等微观主体的改革成果及时推广扩散。如《上海市推进特色普通高中建设三年行动计划（2016—2018年）》明确规定，"进行过展示活动的高中学校可以申请进入评估程序，填写本市特色普通高中创建评估申请表。"对进入评估程序的这种条件设置，事实上把成果扩散与成果认定联系在了一起，激励微观主体将为同类机构进行"示范"作为获得认可的重要条件，从而产生双重激励效果。

地方政府和教育行政部门要做好对已有改革成果的识别、推广，使改革成果发挥更大社会效益。从众多已经完成的改革项目中识别出具有推广价值的成果，是改革成果推广的基础。改革成果推广通常有行政指令、媒体推介、竞争性试验、自主学习等不同策略。一个区域内教育改革成果推广采取何种方式，以往行政部门具有更大话语权，但是行政部门作为组织者，不应该包办、替代其他主体的参与。研究表明，媒介是改革成果推广不可缺少的要素。当前媒介要素正在向多样化发展，比如新闻媒体、专家学者或专业机构，以及专门从事某项改革成果推广的课题组或支持机构。伴随着竞争性试验、自主学习等成果推广策略的广泛使用，未来改革成果推广的支持服务将会向专门化、参与式等方向发展。

随着地方政府理性意识增强以及对改革风险防控的约束，行政部门需要充分调研下级政府和教育行政部门的改革需求,尊重其选择改革方法的权利。因此,竞争性试验、自主学习等成果推广方式将更多地被地方政府采纳。比如,上海市出台的《关于促进优质均衡发展、推进学区化集团化办学的实施意见》提出,实行集团化"可以采取委托管理式、多法人组合式、单一法人式、九年一贯制、同学段联盟、跨学段联合等办学形式",还可以"根据自身实际,从有利于优质生成、均衡发展的角度创新办学形式"。这样的推广策略,为改革成果在推广区域落地生根提供了土壤,便于改革成果在不同环境下"开花结果"。更深层次意义上,这种策略体现了依法行政的理念,产生了激发下级政府和教育行政部门改革意愿的效果。如果推广区域内的大多数主体都希望参与试验、使用改革成果,一种竞争性试验的改革成果推广环境就形成了。

第五章 教育综合改革试验区的案例研究

本章重点对"完善非本市户籍常住人口教育保障机制试验""促进高中教育优质特色多样发展试验""探索营利性和非营利性民办学校分类管理办法"等改革项目展开实证研究,各项目基本信息已在第三章"表 3 - 1"中呈现。其中,项目 A、B 在《上海市中长期教育改革发展与规划纲要(2010—2020)》中被确立为"教育综合改革重点实验项目",项目 C 为"国家教育体制改革试点项目"。依据分析工具,主要采用政策文献分析、关键人物访谈等方法开展研究。

第一节 "学前教育积分制"的实践分析

"完善非本市户籍常住人口教育保障机制试验"的目的在于,通过市、区、镇等不同层级政府协同开展制度创新,建立新的服务提供规则,从而满足非户籍常住人口的学前教育服务需求。其中,"学前教育积分制"是该项目试验的重点任务。

一、改革背景:公共服务提供与控制人口规模间的"两难选择"

流动人口数量增长,给学前教育服务供应带来一定压力。在原有管理制度下,由于对学前教育服务供给机制认识的局限,一些区域政府难以满足流动人口增长带来的需求。依据"教育发展与人口总量、结构变化相适应,与经济结构调整相衔接,与城市功能定位布局相匹配"的要求,《上海规划纲要》将"完善非本市户籍常住人口教育保障机制试验"作为 2010 年到 2012 年启动实施的 10 项教育综合改革重点试验项目之一,提出建立与居住证制度相适应的非本市户籍常住人口非义务教育阶段的就学制度。

非户籍人员子女进入公办园就读的"积分制"试验主题的提出,反映了上海破解学前教育服务提供难题的意图。2011年1月27日召开的市学前教育联席会议扩大会议确定了当年推进学前教育工作的一项任务是,"重点关注非本市户籍适龄儿童入园和看护需求,加大对民办三级幼儿园和看护点工作的监管和指导、扶持力度"。市政府常务会议审议通过的《上海市学前教育三年行动计划(2011—2013)》提出了一项重要举措:"通过新增民办三级幼儿园、规范学前儿童看护点等途径,满足进城务工人员随迁子女的学前教育和看护需求,确保儿童的健康成长和安全"。

采用"积分制"办法解决非户籍人口子女入学问题,有着特定的政策背景:一是对国家相关部门随迁子女公共教育服务制度的贯彻落实。具体依据由《国务院办公厅转发教育部等部门关于做好进城务工人员随迁子女接受义务教育后在当地参加升学考试工作意见的通知》提出,即:以"合法稳定就业、合法稳定居住"为基本条件,完善权责对等、梯度赋权的随迁子女公共教育服务制度。地方政府层面落实这一制度的政策依据是《关于来沪人员随迁子女就读本市各级各类学校的实施意见》。二是对国家控制超大城市人口规模要求的落实。早在2003年,《上海市城市总体规划(1999年—2020年)》经国务院正式批复后,上海市制定的《关于进一步加强城市规划管理、实施〈上海市城市总体规划(1999年—2020年)〉的纲要》已提出,按照2020年全市总人口2 000万左右规模,统筹安排城市规划。纲要提出的"严格控制户籍人口增长,合理调控非户籍常住人口规模,加强流动人口管理"要求,成为此后多年教育公共服务提供的重要依据。

开展"积分制"试验的目的是,针对学前教育阶段,通过制度创新在满足常住人口教育需求和国家控制特大城市人口规模之间找到平衡点。在这种背景下,M区将创新学前教育入园机制,试行非上海户籍人士子女申请就读幼儿园积分制作为主要任务,为各区先行探路。

二、"学前教育积分制"改革的实践分析

在共同推进试点任务过程中,M区两级政府的多个部门参与了试点,在制度创新方面承担着不同角色,专家团队和家长、社会公众直接参与了制度设计和论证,多方主体之

间的相互作用构成了制度创新过程的微观机制。

（一）试验区的选择：面上形势与点上问题的结合

1. M区：学前教育服务供给矛盾突出的试点区

由于新建住宅过程中推进公建配套措施，M区部分区域有资源空缺，具有接受一定非户籍儿童入园的条件。当时，全区有12所专门招收进城务工人员随迁子女的幼儿园，其中1所民办三级园，6所民办二级园，5所集体办幼托所。同时，计划开办19所民办三级幼儿园和68个看护点，还将在区大型单位租赁房配置建设的同时，根据实际情况设置配套幼儿园或看护点。但是，这些资源的供给仍然不能解决所有务工人员子女就读幼儿园的需求。这成为M区公共教育服务提供的一个"棘手课题"。

改革部署之初，市政府把管理实践中面临问题、具有代表性的地区作为试点单位。正如M区级教育局人员针对为何选取他们作为试点区时谈到的，"我区属于人口导入区，相对房价适中，市区过来交通方便，外来人口多，再加上又处于人口出生高峰，基于这些原因我们就承担了这个项目"（A-H-20141211）。访谈发现，成为试点区更主要的原因在于M区的办园类型多样，在全市各区中具有代表性。"我们当时理解，市教委沟通中把这个任务交给我们，原来全国各种类型、体制、做法M区都有，不是说我们做得好，其实是问题突出，我们面临的入园问题也是面上具有普遍性，所以（认为我们）能够做"（A-H-20141211）。

2. 市政府：作为"改革决策者"和"风险管控者"

作为一项制度创新，"积分制"试验的总体目标是由市级层面创设的，但是由于学前教育公共服务提供的主体是区，市政府并不具备直接进行制度创新的条件，主要承担选择试点区、认定试点成果等责任。总体上，在本项试验中市政府承担两个角色：

一是"改革决策者"。市政府通过制定《上海规划纲要》提出了试验的总体目标："探索建立与居住证制度相适应、体现各级各类教育特点、公办和民办学校共同参与的非本市户籍常住人口非义务教育阶段的就学制度"。这一目标为改革试验展开提供了总体性安排，但制度创新的具体任务需要由试点区来完成。市教育行政部门工作人员谈及了最初的一些设想，"义务教育的覆盖能力很强，有没有积分制问题都不大，学前教育就需要搞出一个办法。尤其现在人口形势会有变化，卫计委说，每年会增加一两万人"(A-Q-20160705)。

二是"风险管控者"。在将试点权力授予 M 区后,市政府实际上还承担了"风险管控者"的角色,对区里提出的制度框架进行把关。其中的一项主要考量是,招生上由于涉及和其他区的关系,需要由市里协调和把关。正如市教育行政部门人员所说的,"市里要看得出它的风险在哪里?如果不由市里协调,会有很多问题,主要表现在对跨区县学生的流动上,如 X 区可能会有很多学生过来"(A-Q-20160705)。

(二)制度创新过程中改革主体的职责差异

"积分制"是区政府和"试点镇"共同实施完成的一项制度创新。承担试验任务的区政府和实施试点的镇政府均是"改革主体",属于制度创新过程中独立的"决策单位"。但是,在制度设计分工、对改革收益形成的贡献上,它们发挥的作用是不同的。

1. 区政府:制度创新的"初级行动团体"

区政府及其各职能部门可以被视为"初级行动团体",它们的决策和相应行为决定着制度创新的总体进程和实际效果,它们创造并直接享用制度创新的"收益"。

针对本区非本市户籍儿童人数众多的具体情况,M 区按照相对就近入园的原则,鼓励有条件的公民办幼儿园招收进城务工人员随迁子女,适度开办民办三级幼儿园和学龄前儿童看护点。2010 年拟定了进一步规范 M 区非上海户籍人士子女申请就读幼儿园的实施意见,根据非本市户籍人士子女的不同情况,设置了两大类共 8 个项目的指标,从居住条件、父母在 M 区的工作年限、在 M 区缴纳保险的年限、持有《上海市居住证》等方面进行综合评分,在公办幼儿园资源有限的情况下,适龄儿童以家长积分排序,分数高者优先,其余可选择进入民办幼儿园或看护点。2013 年正式出台的《关于 M 区来沪人员随迁子女积分制入园的实施办法》,是试验的一项重要制度创新成果。

2. 镇政府:制度创新的"次级行动团体"

镇政府可以被视为"次级行动团体",它们的决策和行为的意义在于帮助区政府创造收益并提供基础性制度设置。在 2011 年幼儿入园招生中,在 a 镇、b 镇、c 镇试行了积分制招生,设计了"非上海户籍人士子女信息网上采集系统",对幼儿父母居住方式、房屋产权、文化程度、技术职称、在 M 区工作、居住年限、缴纳保险情况等指标量化为分值,进行自动积分统计和排序,以此为依据实现和保证非上海户籍人士子女公平入园。2013年进一步调整和完善积分制入园的标准及操作程序,在原有7个街镇积分制试点的基础上,又新增了d镇和e街道,使积分制入园试点范围扩大到9个街镇,近1万余名非上海户籍幼儿参加了积分制。

> **专栏:"积分制"实施的主要程序**
>
> 1. 提交申请。申请人每年3月到住所所属镇、街道、工业区填写《M区非上海户籍人士子女就读幼儿园申请表》,并提供如下证明材料:房屋产权证或房屋租赁合同、在M区工作证明、在M区缴纳社会保险证明、上海市居住证、学历证明、职称证明、获奖励表彰证明等。各镇、街道、工业区成立专门的工作小组,负责接受申请人的申请,对申请资料进行审核。
>
> 2. 计算积分。各镇、街道、工业区联合相关部门对申请人提交的证明材料进行核实,并按照积分标准计算申请人的积分,从高分到低分进行排序,汇总成册后一份交区教育局,一份留底。
>
> 3. 规划学额。各镇、街道、工业区根据区域内幼儿园的办园规模及适龄儿童的实际情况,做好事业规划,核定可提供非上海户籍人士子女就读的学额,并将事业规划表报区教育局。
>
> 4. 确定名单。各镇、街道、工业区根据申请人获得的积分及各幼儿园的学额数确定录取名单,没有被录取的根据各镇、街道的学前教育资源及申请人的积分情况统筹安排到民办三级幼儿园或看护点。

回到某个"试点镇"观察可以发现:随着改革过程中其行为主动性的增强,制度创新会产生"学习效应",当更多数量的镇被列为"试点镇",也即成为该项制度的"次级行动主体"时,意味着制度使用范围得到了扩大。

(三) 制度创新过程中的专家参与

在实证研究中发现,镇政府和区政府均以不同形式运用了专家资源,运用"专业方法"成为实施制度创新的主要形式。教育综合改革包含着采用专家咨询方法的要求,其存在着深刻原因:一方面,反映了制度创新中的规则制定的专业技术要求。"M区的这个项目的意义在于,前期通过研究形成了一种规范和程序。积分制本身不是主要成果。可以说,怎么积分、怎么换算,这一套系统办法是最大价值,不是积分本身"(A-Q-20160705)。另一方面,更深层次的原因还在于市政府对这一问题的"特殊考虑"。"当时和他们谈过,我们说(试验项目)不是你说结就结了。市里当时有一个想法,希望出一个模式,后面的项目参照执行结果"(A-Q-20160705)。显然,这种考虑和相关指导,对M区用好专家资源发挥了一定作用。

改革实施过程中"专家"在制度创新的多个阶段成为区、镇政府的得力助手,他们的作用集中表现为:通过外部专业力量介入,提供了行政决策并不擅长的决策方式,这种方式为行政决策提供辅助,弥补了单一行政决策方式的缺陷。案例5-1描述了本项目试验中,对"标准""权重"的研究确定如何发挥专业技术的作用。

案例5-1:专家如何参与教育综合改革中的制度创新成果认定

M区项目中通过专家座谈的方式对制度创新成果进行认可。参与专家座谈的有市学前教育专家、市教科院专家、华东师范大学教授、区教科所专家、教委主任各一名。首先,确定了"制定标准"的原则:优先解决在M区居住和工作、为M区社会经济发展做出贡献的非上海户籍人士子女的入园需求;对高级人才、在相关领域有专长或做出贡献的非上海户籍人士给予一定奖励。其次,细化了积分标准。"如何把这些标准细化成可操作的条目"成为M区面临的第二个问题。在这个过程中采取了德尔菲访谈法。首先,独立访谈了5位专家,告诉他们M区制定积分制的想法,和"制定标准"的原则,请他们讲出他们认为应该放入积分制的标准,接下来把专家的第一次建议汇总表通过邮件发给5位专家,专家在看了其他专家的建议后又对这些标准分别打"●",通过比较分析,专家对"房产情况、学历情况、工作年限、缴纳保险、获奖情况、工作职称、居住证类型"均无异议,在"居住年限"方面只有一位专家选择,问及其他专家不选择此项的原因,该专家表示,"居住年限很难提供有效的证明,而且可以和房产情况相互结合,例如房产情况可分成'有房产'和'租房'两类。"

这一制度创新成果的专家认可中,还使用了调查方法检验标准的合理性。M区于

2010年6月抽取了全区3247名非上海户籍人士子女的父母进行了调查。在调查中发现,由于在M区的非上海户籍人士主要在工厂打工、从事小商贩等工作,因此整体的学历、职称普遍不高,如果奖励条件设置得过高,积分的覆盖面就会很低,并且容易引起家长的不满。以家长的学历为例,可以看出父母具有研究生学历的比例较少,因此在奖励标准中,把"父母一方具有研究生及以上学历"改成了"父母一方具有本科及以上学历"。根据专家的以上建议,项目组最终把这些分散的标准分成基础条件和奖励条件,并在基础条件中强调了居住、工作、缴纳保险都必须在M区。经过多次反复讨论,最终确定了具体标准。

专家更重要的作用还表现在解决试验后的在制度设计中遇到的技术问题。"市里科研方面的专家支持方面,市里负责联系的是教科院的XX,在方式方法、评估依据方面提供了很大的帮助"(A-Q-20160705)。专家的"帮助"促进了制度创新与法律和国家、本市对本项目的改革预期保持一致。行政部门认为,这种作用具体表现在:"一是在整体政策上,市里和区里是不是相吻合;第二个是国家整体的法律依据、理论依据是不是和M区的吻合;第三个是M区整体实施引起的一些风险,对其他区造成的影响是不是需要市里关注"(A-Q-20160705)。

(四)制度创新成果的社会认可

"积分制"作为一项创新性制度获得家长和社会公众认可,经历了一个复杂过程,建立在家长、社会公众对该项新制度的知晓、参与和评价等基础上。镇政府在使用外部资源过程中,呈现了新的特点,即利用接近服务对象的优势协助解决制度细化中的"本地化"问题。

但是,在制度变迁理论看来,这种变革并不是一厢情愿的过程,由于微观主体在改革中的角色变化,传统的"上层设计,下层执行"的改革实施机制已经不适应新一轮教育综合改革。正如市教育行政部门人员所说,"家长认识误区,是区县实施的一大风险。因此,看区县还要看区域。有不少家长认为登记了就能进,这是不对的"(A-Q-20160705)。本案例表明,教育综合改革的组织者和试点单位必须改变单纯回应行政部门的传统认识,主动认识改革环境的不确定性。

家长、社会公众等利益相关者除参与改革过程外,另一种更重要的形式是对改革成果效果作评价。试点单位按照改革总体目标对制度构想"本地化"进行试验,组织实施过程中能否及时充分反映决策者、实践者、利益相关者的感受变化,将影响改革预期目标的实现。为此,需要实施具有广泛代表性的创新成果社会调查。如案例5-2呈现的,在教育综合改革项目试点完成后,需要对改革预期目标实现程度、制度创新成果价值和组织实施经验进行评估总结。

案例5-2:制度创新成果如何获得社会公众认同

"积分制"是在学前教育资源紧缺的情况下,为了保证非沪籍人士子女入园与看护的全覆盖,采取的一种相对公平与认同度高的入园措施。教育部门和实施积分制入学的家长在思想认识上要高度统一,否则推行中会产生各种纠纷、矛盾。推广积分制过程中,在不断加大学前教育供应总量,对资源比较紧缺的地区进行合理配置的同时,M区政府也意识到要对非沪籍人士子女入园的需求和认识等做正确的引导。为此,该区运用了听证策略,组织了部分公办幼儿园、民办幼儿园的园长及家长代表对《关于进一步规范M区非上海户籍人士子女申请就读幼儿园的实施办法》《M区非上海户籍人士子女申请就读公办幼儿园积分标准》等进行听证,认真听取他们的意见与建议,及时对规则进行调整。听证等活动反映出,"积分制"的社会认同度得到提高,各方面思想认识上趋于统一。

调研表明,实行积分入园,保证了学前教育的普惠性,提高了社会满意度。经过一段时间的试点,居民、学校和政府机构在"积分制"的制订、落实和操作方面的认识都趋于一致,思想上比较统一,为"积分制"的顺利推行打下了思想基础。因该项目在最初试行阶段,试点的面并不广,有些镇、街道对"积分制入园"的办法和细则还不够了解,M区认识到,在制度推广过程中,项目宣传力度还有待加强,应让更多外来务工人员及时掌握信息。

由于教育综合改革中"试点"机制的使用,如何选取调查对象对专业方法运用也有较大影响。调查、评估的参与者除政府职能部门、科研部门代表外,试点单位和非试点单位的代表是重要参与者,他们分别从自身视角对改革中的制度创新成果进行客观评判。区级行政人员提出了这种做法带来的效果,"有一个优势,以前有的幼儿园幼儿放不了,有的幼儿园'吃不饱',现在就可以根据积分情况进行统筹。至少家长认为,是公开透明的。否则你凭什么让我去这个幼儿园,他可以上那个幼儿园。家长参考积分就没话说了"(A-H-20141211)。通过观察发现,家长、公众、社会组织的参与受到了重视,也发挥了积极作用。

三、对优化教育综合改革机制的启示

(一)现实的制度创新需求是改革中担当"初级行动团体"的基础条件

本案例中,M区政府是积分制制度创新的"开发者",承担着发起改革和设计制度框架的任务,主导着制度创新的总体进程,主要职责表现为:设计积分制的基本框架;选择并确定"试点镇";总结所有"试点镇"试点成果;修订完善区政府层面出台的入学制度。在上述职责中,确定"试点镇"即确定谁担当"次级行动团体",对制度创新的进程和效果具有决定性影响。一方面,区政府在制度创新完成后不直接执行政策,不直接接触教育服务对象,因此并不具备直接设计制度细则的条件;另一方面,与区政府设计框架、总结成果不同,作为"次级行动团体"的试点镇需要在较长时间周期内投入精力。

尽管制度变迁理论提供了区分"初级行动团体"和"次级行动团体"的原理,但在现实情境中存在着更加直接的区分依据:地方政府与微观主体的制度创新需求的直接程度,决定着"初级行动团体"和"次级行动团体"角色分配结果。最初将3个镇确定为"试点镇"分别试验、全面总结,而没有"越俎代庖"直接设计具体细则,反映了区政府在该项改革中的开明。这为镇政府将"观念"层次的改革预期得以成功转化为"制度创新成果"提供了可能。案例表明,承担试点任务的镇政府,担负着为随迁子女提供学位的责任,也面临着难以满足所有受教育者需求的"难题",这种改革任务的"地方性"决定着试点镇的实施动力,并愿意在试点过程中持续投入精力。与此同时,区政府通过积极承担试点情况总结、制度修订、组织专家论证等工作,与"试点镇"就制度创新进行紧密合作,影响着改革预期的实现效果。

总体上,"积分制"是 M 区政府和试点镇政府共同实施改革的成果。区政府、镇政府的作用尽管存在着角色、作用差异,但实际上形成了深入合作的"共同体"。按照制度变迁理论的原理,初级行动团体先寻求内部规则,有可能形成改革主体的"试点单位"承担次级行动团体的角色,而后其正式的规则和非正式的规则得到广泛认可,同时,通过认定、推广为其"外在化"提供机会。总体上,它们从制度创新中获得的"收益",在 M 区范围内是高度一致的。

(二)制度创新中技术难点的突破,取决于各方能否形成共识性"改革预期"

案例中,无论镇政府还是区政府,都存在着不同的职能部门,分别称"科"或"股",它们在试点过程中并不是以一个抽象整体出现的。与通常落实法律政策规定的人、财、物投入责任不同的是,在承担试点任务过程中,它们主要承担制度设计与供给的合作与协调。这与整体性治理理论关于政府内部机构和部门加强整体性运作的主张是一致的。

由于在试点过程中新的制度并未完全形成,不同职能部门应该共享信息,加强重大决策和制度设计的沟通与合作,避免出现各职能部门间信息隔断、在制度设计中合作不畅的状况出现。"它比市里的人口管理办法出台得要早,可以说也为居住证管理办法做了贡献的。居住证管理办法是很多部门共同参与制定的,包括人口办、发改、教育。当时主要涉及的是享有哪些公共服务,学前教育是一个主要内容"(A‐Q‐20160705)。案例中关于务工人口的实有数量、发展变化趋势等信息,公安部门和教育部门在试点全过程中都保持着及时的信息沟通,因为该试点项目本身就带有不同部门的管理责任。

(三)制度创新成果认定,应注重反映各参与方、利益相关方的意见

本案例表明,综合改革的组织实施需要借助行政力量,但其不是一种单纯的行政管理活动。由该项目试点和扩大过程中出台的以上制度,可以发现当"政府"作为制度安排提供主体时,组织成本较低,存在一定的强制服从成本。但是,在时间周期更长的制度创新过程中,更多属于一种专业技术性活动,这就需要改变原有带有强制性的行为方式。

一方面,采取抽样调查等专业方式获取因改革实施而引起的决策者、实践者、利益

相关者的感受变化。区政府要求试点镇分别对积分制试行过程中的做法、经验和实践中发现的不足进行总结,由区教育行政部门和专家协助把关。另一方面,服务对象的参与和认可,在制度创新过程中得到了高度关注。在传统行政管理体制下,上级部门的政策要求和评价标准得到了更多关注,较少关注家长、社区的教育需求,从而使服务的目标发生了偏移。在教育治理环境下,这种状况需要依赖于使用相应技术手段予以改变。特别是,通过调查、听证等规范化的方式,使家长、社会公众等利益相关者的意见得到了充分表达。案例表明,教育综合改革实施过程中,用好专业方法,发挥调控、指导、评估、激励等非强制性管理手段的作用,有利于尊重各级各类教育机构、有关社会组织的主体地位,激发改革各方参与的创新精神。

案例也反映出,在制度创新成果认定过程中,"专家资源"和"社会公众资源"并不是各自运作、独立发挥作用的。尽管最初对两种主体参与有不同目的,但在实施过程中它们之间发生了相互影响。更重要的是,因为这种相互作用的"化学反应",加快了制度创新进程,提高了制度创新效率。

(四)"中间扩散主体"在由多层级参与的改革中发挥着不可替代的作用

案例中的试验项目,是在市政府相关规划部署背景下实施的,因此承担着成果向全市同类区推广的"责任"。首先,在试点过程中M区承担着"领会"改革意图并向试点镇"传递"的任务。在取得试点成果时该区及时通过扩大试点镇范围等方式,"扩散"试验成果并最终辐射至全区。其次,M区的试点并不仅仅限于解决自身学前教育服务供应问题,还承担着向其他区输送成果的"责任"。市教育行政部门人员说,"各区都有一个做法,可能有差异。当时M区积分是一个参照,希望给其他区县做个模板"(A-Q-20160705)。进一步,由于这种责任在市级层面是经过"综改领导小组"层面进行协调的,参与其中的部门都将其视为一种"政治责任"。

运用制度创新主体理论分析,M区此时实际上发挥了"中间扩散主体"的作用,将作为微观主体的"试点镇"和作为"改革决策者"的市政府相关职能部门在制度创新中联结了起来,内在地还实现了作为改革任务来源的市政府提出的改革预期与试点镇改革预期的"有机联结"。

第二节 "特色普通高中创建"的实践分析

"促进高中教育优质特色多样发展试验",旨在通过激发高中学校创建办学特色的内生动力,与外部组织合作开发新的要素资源,在专家指导带动下形成"组织学习"机制,创建办学特色并向区域内学校辐射,促进高中教育从分层教育向分类教育转型。

一、改革项目的背景

2011年,上海市启动了特色普通高中建设项目。项目实施之前,国内各地围绕普通高中多样化发展实施了初中升高中自主招生、高中与高校联合培养人才等改革项目,改革重点呈现了向培养模式、课程教学、学生综合素质评价等领域聚焦的趋势。但是,这些项目仍然难以摆脱"分层教育"的阻力,无法形成整体改革效果。受升学指挥棒和单一分数评价的影响,普通高中多样化、特色化发展仍然是一个"叫座不叫好"的改革领域。

在前期研究和实践探索基础上,2014年上海市教委颁布了《上海市推进特色普通高中建设实施方案(试行)》(以下简称"实施方案(试行)"),提出了"项目孵化、滚动推进;分类指导、分阶提升"的建设策略,明确了"学校自主规划、区县推荐支持、项目滚动指导、探索分阶管理"的建设机制。在试点取得一定效果后,市教委又出台了《上海市推进特色普通高中建设三年行动计划(2016—2018年)》,提出了"力求推动高中学校错位发展、特色发展和可持续发展,促进高中教育从分层教育逐步向分类教育发展"的目标。

本案例将立足办学者这一微观主体,重点对"上海海事大学附属北蔡高级中学"(简称"海大附中")参与创建的过程进行案例分析。海大附中前身为成立于1937年的江东中学,后改为北蔡中学,2010年被评为浦东新区实验性示范性高中,同年由浦东新区政府牵线挂牌成为上海海事大学的附属高中。2015年入选市特色高中创建项目学校,2018年被市教委命名为上海市特色普通高中,"航海文化教育"是学校特色建设的主题。

二、"海大附中"创建特色高中的实践分析

(一)创建决策与"改革预期"的提出

1. 作出参与创建的"决策"

在 2010 年被评为区实验性示范性高中后,海大附中领导班子开始谋划如何持续发展的问题。作出参与创建特色普通高中的最终"决策",学校经历了复杂的抉择过程。既有对办学水平、生源质量等自身条件的考量,也有对本区高中学校生态和高中办学竞争态势的判断。"当时我们 2010 年被正式命名为区实验性示范高中的时候,其实对我们来讲(的真实想法),是要寻找一条(路),真正让学校能够成为名副其实的区重点"(B‐M‐20231117)。

特色普通高中创建运用了一定的制度激励机制,即《实施方案(试行)》规定的,获得命名的学校"将参照市实验性示范性高中政策,享受自主招生等相关优惠政策"。但是这并不是作出创建决策的全部影响因素。总体上,海大附中作出参与创建"决策",是外部环境和自身努力综合作用的结果,其中参与特色高中创建项目团队,使各方面的努力得到了汇集。

2. 形成以特色创建目标为核心的"改革预期"

市教育行政部门对于这个项目确立的改革预期是改变千校一面状况、促进学生素质全面发展。分析可知,海大附中对参与特色创建的改革预期是在创建过程中逐步明晰、逐步得到强化的,取决于内部、外部多种因素。

首先,学校的相关科研工作基础对形成特色创建主题发挥了积极影响。2011 年,学校申报区级教育科研重点项目《依托大学联合办学,推进中学特色发展的实践研究》;2013 年,申报市级教育科研项目《大学附中文化创新:普通高中依托大学实现特色发展的路径研究》;2017 年申报区级重点课题《航海文化教育理念下高中生综合素养培养的实践研究》。在实施项目过程中,学校通过航海文化教育的办学特色与资源优势,在整体的教育系统中,探究学校如何系统性地开展学生综合素养培养。学校承担的科研项目主题保持着延续性和稳定性,为确定学校特色创建主题提供了重要支撑。

其次,是特色项目主题的选定和不断深化。对于如何提出创建目标,最初学校有一些朦胧的考虑:"作为一所历史老校和普通高中,在周边名校林立的背景下,学生往往存在着自信不足与意志品质缺乏的心理特点"(B-M-20231117)。在挂牌成为上海海事大学附中后,学校将"航海文化教育"确立为办学特色主题,依托海事大学的教育资源,以航海文化教育作为学校办学特色发展方向。

在这些条件基础上,海大附中逐步形成了能够全面深入反映学校创建特色目标的"改革预期"。对此学校也总结道,"学校以创建特色高中项目为主线,其他各项目互补支撑,构成学校发展研究的立体网络,使各领域发展都更深入,内涵更丰富"(B-M-20231117)。

(二)资源获取与"改革预期"的实现

1. 围绕特色创建主题,拓宽外部资源来源主体

"促进高中教育优质特色多样发展试验"将特色育人资源供给作为一项重点改革任务。这一过程中,资源的提供主体发生了从行政部门、母体大学向航海类企业单位等社会力量的转变,它们均深度参与了海大附中的特色创建过程。一是市、区教育行政部门。参与创建以来,海大附中获得了市、区两级财政专项经费的支持。二是母体大学——上海海事大学。学校挂牌成为上海海事大学附属高级中学后,与上海海事大学建立长期合作关系,上海海事大学为学校提供的首要资源是"航海创新实验室",以及与航海文化特色课程实施相关的课程和人力资源。"政府牵线后,因为(上海海事大学)校长有这样的一种理念去推动,我们主动跟海事大学的各个部门、各个学院在方方面面进行合作,政府搭台、学校去主动对接,可能是我们用好资源的一个关键"(B-M-20231117)。三是海事类企业单位。在上海海事大学牵线搭桥下,学校与上海海事局、海洋局、中国极地研究所、中国航海博物馆、洋山深水港海事局、上海海洋大学等都有密切合作关系。学校的航海创新实验室的设计与建设充分运用了上海海事大学专家教授与中国航海博物馆设计师资源;学生暑期的航海特色夏令营得到了海事局与中国航海博物馆的支持;而学校的航海科普微校的课程录制则得益于中国极地研究所的支持。这些社会资源的介入使学校办学特色更凸显,航海文化内涵更深入,更专业。"我的感觉是,所有的台搭好后,关键是学校能唱好戏。跟社会力量的对接,我们可能

更多的是基于自身的需求,在和资源匹配上以后,可能会更主动深入地去对接"(B-M-20240109)。

针对该项改革试验任务市级提供的主要是制度激励和必要的经费支持,与特色创建项目主题相关的资源需要借助外部机构的参与。从学校获取特色高中创建所需外部资源的实践过程可以发现,在不同类型资源获取过程中,学校采取了不同策略,在某些特定类型资源获取上不同程度地利用了特定的制度安排来协调。学校争取的外部资源主要包括物质设施、课程资源、兼职教师等三种类型。随着创建的深入,外部资源的作用并不在于解决物质意义上的资源短缺问题,课程、观念等资源具有生成性,存在与学校内部资源相互影响的可能。从海大附中获取资源的实践中可以发现以下初步规律:依据类型看,设施场地等物质资源,无论来自教育系统内部还是外部,其获取难度总体上低于师资、课程等专业资源;前者通常需要的协调方式较为简单,后者则需要借助行政部门乃至政府层面的制度供给予以实现。

2. 学校与外部组织的合作方式变化

本案例中,大学、博物馆、航运企业等外部组织与高中学校及教育行政部门均不存在隶属关系。它们与高中学校在分享资源、提供专业支持等方面的合作,"不能通过命令的方式迫使对方回应,而只能通过资源交换和基于共同目标的谈判来实现"[1]。

通过持续的访谈发现,在利用教育系统以外的资源过程中,学校与外部组织的关系形式发生了变化。初期,学校较多依靠行政部门直接提供或牵头协助提供的资源,之后学校在实践中态度发生了变化,主动获取支持的信念更加强烈。"在政府和社会两方面资源运用上,肯定有我们的主动性要发挥,但不同对象我们的需求还是有差异的"(B-M-20240109)。深入访谈表明,合作依赖的方式从正式规则向非正式规则转变。对于提供哪些资源、如何提供,后期已不再依赖于正式协议,而是发展为一种基于培育人才的共同信念。创建后期与一些单位的合作过程中,即使没有正式签约,双方之间的合作关系也一直保持得比较好。看到学校在区域内大力推广海洋科普教育成效显著,上海市海洋局不仅在经费上支持学校开展科普活动,同时还极力举荐学校申报"全

---

1 [英]杰瑞·斯托克,楼苏萍,郁建兴.地方治理研究:范式、理论与启示[J].浙江大学学报(人文社会科学版),2007(2):5—15.

国海洋科普教育基地"。

（三）组织学习与"改革预期"的自我强化

回到某一所"创建项目学校"可以发现：随着创建实践中行为的主动性增强，制度创新会产生"学习效应"，因此学校会主动创设"个性化制度设置"，以扩大对自身特色办学预期的支持。本案例中，海大附中创建特色普通高中的过程，成为了一个制度创新引发改革动力变化的案例。针对参与普通高中多样化发展的各方主体，如何建立一种持续的、正式的激励机制，提高微观主体从事多样化改革的积极性，是改革预期实现的重要条件。这背后也折射了教育行政部门的"改革预期"的变化。正如市教育行政部门基教处负责人所讲，"地方（如省这个层面）要为学校多样化发展搭建交流展示平台，让学校在一片树林中通过比较看到自己的长短优劣。这个树林是杂乱无章，还是有序的、经过规划的，应由省去做"（B-Y-20110110）。通过本案例可以发现，外部专业支持存在着两种形式，即"创建项目组""专家评审组"，它们分别以不同形式发挥着对于创建工作的支持作用。

首先，对于项目组成员，面临着同行间"怎么走"的共同问题。校长对此的体会是，"创特色高中，其实是先让你加入项目组。项目组的专家也好，项目团队的伙伴学校也好，在这样的氛围中大家都在共同思考特色高中这条路到底怎么走"（B-M-20240109）。在对上述因素做综合考虑的基础上，"加入项目组"对做出决策发挥了重要作用。

其次，对于"专家评审组"，则提供了创建"知识"和"方法"的支持。教育行政部门最初预设了通过借助专业资源提供支持、激发办学主体创建积极性的"改革预期"。比如，在试点后期出台的《上海市推进特色普通高中建设三年行动计划（2016—2018年）》将"评估"等专业化程度更高的程序纳入其中。如三年行动计划提出，"每年特色普通高中项目领导小组将组织专家组开展创建工作评审。……本市特色普通高中创建工作领导小组将委托评估机构实施评估工作，评估工作以专家评审和实地考察相结合的方式进行。符合评估申请条件的学校，将进入市级评估工作程序。"对于通过初评和复评两个环节的学校则可以获得行政部门的正式认可并享受相关政策。海大附中的特色创建初评工作结束后，专家提出的"进一步利用和挖掘教育资源，如长兴岛造船基地和振华港机等资源"建议,为学校使用何种资源指明了方向。同时,专家指导也包含着对学校创建目标的认可和激励,对学校创建价值追求的肯定。校长对此的感受是,"专家一直讲,建设特色高中最重要的是你自己的价值追求"(B-M-20240109)。

(四)成果分享与"改革预期"的外部回馈

对本案例的分析发现,海大附中的行为不仅仅表现为利用区政府提供的"通用性制度设置"获得相应资源,还会拓展资源使用范围。学校在区教育行政部门支持下,建立了"航海特色区域综合课程联盟",为创建成果的推广辐射提供了平台。在目标上,"航创"综合课程建设从内容多领域、学段全贯通、要求分层次、技术重智能、管理有协同等方面体现了"多元综合"特质;在机制上,通过共商、共建、共享、共管,形成联盟课程的运行机制和特色创建的研究共同体。该联盟逐步成为浦东新区推进区域特色办学效益提升的重要平台。需要指出的是,与成为特色高中创建项目学校的"体制型学习"不同,相关学校通过参与"航海特色区域综合课程联盟"进行学习,是一种自愿基础上的"自主型学习"。

专栏:特色创建成果的区域辐射方式:"航海特色区域综合课程联盟"

以"航创"名义构建综合课程,源于上海市浦东新区《基于区域特色的学校综合课程创造力研究和实践》项目"航海特色区域综合课程联盟"的成立。目前本联盟成员包括:上海市进才实验小学、上海市临港第一中学、上海市澧溪中学、上海市北蔡中学、育民中学、上海海洋大学附属大团高级中学和上海海事大学附属北蔡高级中学。七校联盟的基础,是各校都具有航海或海洋领域教育相应优势,基础较好或意愿较强。为贯彻浦东新区对区域综合课程联盟成立初衷,对航海特色以"航创"为名制定本课程建设纲要及实施方案。

课程建设目标:在突出"航创"特色背景下,形成多种"主题-专题"系列的综合课程体系;在课程开发中形成联盟课程研发机制;在课程实施中形成特色课程群迭代提质机制。同时提出了"教师发展目标"以及分学段的"学生培养目标"。课程结构体系如下:

根据课程理解、指导思想和目标指向等要义,在七校现有特色课程基础上,遵循多元综合架构原则,不同内容领域主题(模块)组成综合课程群,随着不同学段螺旋上升,可借下方图谱来描述"航创"特色综合课程的结构体系。

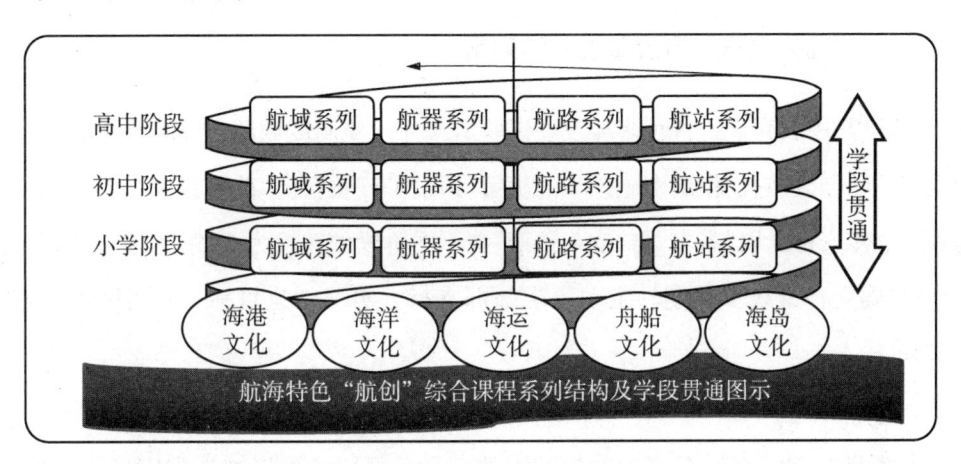

航海特色"航创"综合课程系列结构及学段贯通图示

说明:与"航海"相关的主题包含有"海港""海洋""海运""海岛""舟船"等,可将之梳理为"航域"(海洋)、"航器"(舟船等)、"航路"(海运)、"航站"(海港、海岛等)这四个系列。小、初、高不同学段都可以在这四个系列中开发相应的课程,以实现联盟共建学段贯通的指导思想,以支持航海特色与创造力培养的主旨要求。

尽管"促进高中教育优质特色多样发展试验"的制度创新仍在持续过程中,但此时只要高中数量大于"1",其"单位成本"和"追加成本"均呈现下降趋势,制度创新开始产生规模效应了。具体表现为"抓住制度框架提供的获利机会"[1],学校还会主动创设"个性化制度设置",以扩大对自身特色办学预期的支持。在全市连续实施两轮"特色普通高中三年行动计划"的基础上,设立市、区两级共90多所特色涵盖15个门类的项目学校,至今已评估命名17所市特色普通高中。但是,这仍然不能反映该项目的实际价值,因为仅仅以"创建—命名"的方式,其受益对象是有限的,并不能解决作为微观主体的高中学校面临的全部难题。"促进高中教育优质特色多样发展试验"的价值还在于使更多数量的高中学校从中受益。因此,在综合改革过程中只要是以"制度"方式予以供

---

1 [加]迈克尔·富兰.教育变革的新意义(第四版)[M].武云斐,译.上海:华东师范大学出版社,2010:90.

给,其受益对象在理论上是全体对象。尽管被列为市级特色高中创建项目学校的比例非常小,但是该制度提供了多种形式的成果辐射方式,它们为所有高中学校从中获益提供了条件。

三、对优化教育综合改革机制的启示

"促进高中教育优质特色多样发展试验",作为一项制度创新,初始环境由市、区两级政府共同创设,它们作出实施改革的决策,预设了该项目的"改革预期",为改革实施提供了总体安排。以"需求"与"改革预期"在不同阶段的转换为主线,本案例呈现了海大附中"确立自身改革预期—主动寻求外部支持—实现创建目标—回馈区域学校发展"的过程。

(一)微观主体在改革行动中发现"意义",是实现改革预期的基础条件

本案例中,参与创建的高中学校和市教育行政部门均可以被视为广义的"改革主体",属于制度创新过程中独立的"决策单位"。但它们在制度创新中的角色存在区别:市政府及其职能部门可被视为"初级行动团体",它们作出改革决策,为高中学校创造收益提供基础性制度支持,决定着制度创新的总体进程;"高中学校"可被视为"次级行动团体",直接创造并享用该项制度创新的"收益",但它们是在市、区政府设定的制度框架内展开行动的,态度和行为方式因市政府提供的激励制度而发生改变。

从高中学校看,其首先面临着是否愿意作出加入改革的决策,成为"次级行动团体"。市级教育行政部门出台的《实施方案(试行)》,作为一项新的制度供给,为微观主体创建特色高中的行动提供了一种"激励",引导学校作出投身创建过程的"决策"。但是,由市政府初始设置的制度属于"制度环境",在新制度经济学视野中属于制度创新模型的外生变量。此时的"激励"效果仍然局限于是否愿意参与创建活动,学校并未形成对创建意义的全面认知,即完整意义上的"改革预期"。"特色普通高中创建"为海大附中在内的项目学校提供了"潜在收益"[1],此时项目学校的"改革预期"实现了向可感知的"潜在收益"的转化,成为投入人力、物力的持续"激励"因素。找到自己希望解

---

1 卢现祥.西方新制度经济学(修订版)[M].北京:中国发展出版社,2003:95—104.

的"问题",是海大附中"改革预期"得以确立的一个先决条件。在此基础上,通过将自身需求纳入改革实践活动,将潜在收益转化为现实的改革收益,海大附中具有了全面担当"次级行动团体"角色的条件。

从行政部门看,其需要认识微观主体需求,并以此作为制度供给的技术依据。在改革启动和实施阶段初期,地方政府会以不同微观主体"共同代理人"身份承担某些框架性制度供给的任务,主要是描述改革预期,规划改革路径、改革主体的合作方式,而更为具体的制度供给任务则以试点项目的形式赋予微观主体(高中)。本案例表明,项目的激励效果可以表现在多个方面。在创建之初,区政府通过建立与高校的合作办学关系等措施为海大附中提供了外部的"支持"。

(二)寻求外部资源支持的效果取决于学校对特色创建的内生动力

在课程多样化改革、综合素质评价难以实质性推进的僵局下,"促进高中教育优质特色多样发展试验"为引入多样化外部资源提供了一个制度"杠杆"。起始阶段,这一杠杆的"激励"内容并非具体确定的,即使在文件中作出明确规定的经费、师资、招生权利等内容,对于学校来说也是难以真实感知的。进入创建阶段,通过参与各项活动这种"激励"开始被具体化、可感知了。在成为制度创新的"初级行动团体"后,它们希望建立的制度属于更加精细的"制度安排",即可以为高中学校与教育系统内部及外部相关机构、组织之间的合作、竞争提供基本规范。其创建行动更重要的价值还在于,有多少高中学校愿意作出参与创建的"决策"。当更多数量的高中被列为"创建项目学校",这些学校也即成为该项制度的"初级行动主体",意味着制度使用范围得到了扩大。只要高中数量大于"1",其"单位成本"和"追加成本"均会呈现下降趋势,制度创新便形成了规模效应。

一所普通高中学校对制度供给的需求是具体的,例如,课程改革如何实现教育系统内外的资源共享、如何提供特色课程相关师资保障、如何为学生提供更加多样的课程选择机会等。本案例集中呈现了,行政部门如何为作为"次级行动团体"的高中学校利用外部资源进行示范和协调。但是在教育系统以外更广阔的社会体系中,学校特色创建的更多类型资源很难由行政部门完全"包办"。对此,高中学校能否发展出与改革预期更加匹配的关系建构能力,决定着改革的总体收益。这种外部"牵线搭桥"式的支援逐步转化为学校基于特色创建需求的"主动获取"。

该项制度实践过程中,随着高中学校对创建成效感知的加深以及对"外设"改革预期认同程度的增加开始产生一种自我强化机制。此时,对资源获取的努力开始转变为一种自发行为。由此开始,高中学校开始成为真正意义上的制度创新主体,这意味着随着改革的深入,学校实现了从制度创新的"次级行动团体"向具有自主发展能力的独立主体的"进化"。

(三)发挥"专业方法"的作用,促进了高中学校的"组织学习"

第三章区分了"行政方法"与"专业方法",强调了"专业方法"对于评估改革需求、指导改革行动、认定改革成果的作用。本案例中,"评估专家组"参与创建过程中使用的"评估法"成为使用频率较高的方法。这一过程中,"评估法"发挥了不同于行政部门"命令法"的作用,契合了高中学校作为"次级行动团体"在强化改革预期、使用外部资源、增强组织学习能力等方面的需求。微观改革主体在创建过程中需要建立与专业力量、社会力量的联系,这些并不是作为"初级行动团体"的政府依靠行政手段可以实现的。"行政的"改革方法的主要作用在于通过发挥制度供给和组织协调的制度激励效应,触发、增强改革主体的改革意愿,促进不同类型改革主体之间的协作,最终促成共同改革预期的形成。运用"专业方法"的作用在于,通过外部人员的专业指导和内外人员之间的互动,提高微观改革主体的"改革能力",并与"改革预期"相互作用,促成特色创建过程中的自主能力发挥。

这种变化与行政部门对该项试验提出的改革预期是一致的。上海市教育行政部门认为,"普通高中多样化有特色发展"在整体推进普通高中育人方式改革上的主要亮点是,评估过程和学校发展过程统一起来,"从传统单一的贴标签行为转变为'贴标签'和'重发展'兼顾"[1]。理论上,"评估法"是指运用规范的程序和技术采集利益相关者的态度和感受,检验改革预期实现程度或制度创新成果满足制度需求程度的方法。评估的参与者应包括相关政府职能部门、科研部门及试点单位的代表。认定过程中运用评估方法,较好地克服了传统行政在高度专业化环境下在能力上所面临的困境。

---

[1] 上海市教育委员会.上海:以协同治理激发主体活力推动特色高中建设同频共振[J].人民教育,2019(18).

（四）地方政府既要重视供给制度，更要重视制度供给的"适应效率"

"普通高中多样化特色化"进入深化阶段以后，改革面临的不仅仅是供给制度改革，还要实现制度与微观改革主体需求的准确匹配，即制度供给的"适应效率"。作为"高中特色化多样化发展试验"改革项目的一个具体案例，在海大附中创建特色普通高中过程中，运用制度变迁理论的分析可以发现，地方政府表面上似乎是一个"超脱"的角色，但它在推动制度创新最需要"发力"的地方发挥了自身作用。由于直接接触当地的个人和团体，因此能够及时了解来自个人和团体自发产生的创新意图及其新制度的预期收益[1]，区级政府发挥了不同于市级政府的作用。总体而言，制度供给的"适应效率"的作用机制主要表现在以下相互关联的两个方面：

一方面，制度供给的"适应效率"意味着，综合改革试点应促进非正式制度与正式制度的伴随式进化。教育综合改革是新的价值目标确立与实现的过程。现有的表现为观念、态度等的非正式制度对人们思维和价值的"惯性"影响是地方政府制度供给难以实现预期的内在原因，而外围的保障性制度供给不足，是制度供给难以实现预期的外部原因。因此，新的制度供给既要避免现存制度对教育活动效率的影响，又要协调核心价值与现有教育发展中固化的价值目标之间的冲突。

另一方面，制度供给的"适应效率"还意味着，综合改革试点应促进组织学习能力的提高。"适应"效率不同于配置效率，它不仅涉及那些决定长期演变的途径，还涉及一个社会获得知识和学习的愿望，进行各种创造活动的愿望，以及解决长期问题的愿望[2]。就本案例而言，一方面，"多样化发展"包含着满足个别化需求、尊重多元价值等要素，因此需要重视对个体差异的尊重和自主选择的鼓励，要求制度供给体现情境性。通过制度的有目的的替代，可以使地方政府对普通高中多样化发展的制度供给具有更高的适应效率，学校等微观主体具有更强的创新愿望和能力。提高制度供给的"适应效率"，要求地方政府建立积极的改革预期，尊重不同学校的发展基础和首创精神，同时通过自主的制度供给为高中学校创造改革空间，形成鼓励学校自主发展的制度环境。

1　郭小聪.中国地方政府制度创新的理论：作用与地位[J].政治学研究,2000(1):67—73.
2　卢现祥.西方新制度经济学(修订版)[M].北京:中国发展出版社,2003:85.

第三节 "扶持非营利性民办学校"的实践分析

依据《教育规划纲要》部署,国家将营利性、非营利性分类管理作为"改善民办教育发展环境,深化办学体制改革"重点任务的一个项目,在上海市、浙江省、广东省深圳市、吉林华桥外国语学院进行试点。结合该项试点任务,上海将"扶持非营利性民办学校"作为教育综合改革的一项重点任务。

一、改革项目背景

2011年起,上海作为试点地区之一承担了国家教育体制改革试点项目"探索营利性和非营利性民办学校分类管理办法"。承担试点任务的浦东新区根据营利和非营利性民办学校的不同特征,探索相关配套措施,为推进分类管理改革探路。《中华人民共和国民办教育促进法》和《国务院关于鼓励社会力量兴办教育促进民办教育健康发展的若干意见》(简称《若干意见》)发布后,民办学校分类管理进入了正式实施阶段。推进过程中,上海通过制定登记管理、财务制度、资产管理、教师待遇、政府扶持、招生收费等方面配套政策和措施,引导举办者和出资人兴办非营利性民办学校。

营利性、非营利性民办学校分类管理改革命题的提出,与党的以人民为中心的发展思想以及社会治理体系建设目标具有密切联系。党的十八大报告提出加强和创新社会管理、改进政府提供公共服务方式、引导社会组织健康有序发展等要求。与其他改革项目不同,分类管理改革试验的参与主体发生了较大变化,社会和市场领域的个人和组织参与改革过程,对教育领域制度创新提出了不同要求。通过对民办学校举办者、管理者访谈等方法,本案例呈现了上海通过分类激励引导举办者选择登记"非营利法人",实现改革预期的过程。

二、扶持非营利性民办学校的基本实践

引导举办者选择登记为非营利性民办学校,是由法人登记、实际运行、服务方式变革、监管、退出等多个环节组成的一项"系统工程"。在不同阶段,改革决策者应采取不

同类型举措,形成扶持非营利性民办教育发展的"整体环境"。

(一)建立基础性制度,为举办者自主选择法人登记类型提供保障条件

就法人登记而言,举办者最初对"非营利民办教育"的认识主要来自对新出台法律、法规和配套政策的字面解读,相对较为抽象。因此,改革初始阶段举办者考量视角多样,对同一问题的认识因办学背景不同而存在差异。比如,有的更加关注"扶持资金",有的更关注"办学自主权"。调研中一些管理者表达了对财政资助的欢迎,"我们这样的民办学校,办学资金还是比较困难的,所以财政的这些资助还是需要的"(C-Z-190923)。同时,一些举办者更加关注民办学校的办学自主权,"我们民办学校最大的优势就是灵活的机制。如果民办学校没有灵活的机制和体制,都抄公办那一套就没有意义了,就不要搞民办了"(C-C-190628)。访谈中也反映出了对非营利性学校增加监管的担忧,"现在报非营利性的话,很多方面要求对民办和公办一样。比如说党组织建设、党的建设,还有业务上的检查、年检、督导都跟公办(学校)差不多,所以大家觉得负担蛮重的"(C-Z-190923)。

这种情况下,地方政府能否依据法律规定提供平等公正的环境,对于举办者自主做出的法人类型选择具有重要影响。2017年12月26日,上海市人民政府发布的《关于促进民办教育健康发展的实施意见》针对分类管理提出了整体制度设计,主要任务包括:制定《上海市民办学校分类许可登记管理办法》,对非营利性和营利性民办学校实行分类登记;依据法律规定的职责,制定实施分类扶持政策;两类民办学校按照各自规则体系实现自主发展。上海市通过建立补偿奖励、退出等基础性制度,为举办者自主选择法人登记类型提供保障:

一是建立补偿奖励等过渡安排和制度设计。《若干意见》为2016年11月7日前设立的登记为民办非企业单位法人的现有学校提供了自主选择机会,设置了过渡时间,明确规定"对过渡阶段的现有学校,根据其法人属性予以管理"。举办者应当在2018年12月31日前,向主管部门提交关于学校办学属性选择的书面材料。过渡期截止时间分别规定为:非营利性民办学校应当在2019年12月31日前,依法修订学校章程、完善法人治理结构和内部管理制度、继续办学;营利性民办学校根据类型分别应当在2021年12月31日前(实施高等学历教育的学校)、2020年12月31日前(其他学校)完

成学校财务清算、资产权属确定、缴纳相关税费及办理法人登记手续。

二是设立退出机制。为保护受教育者、教职工和举办者的合法权益,《若干意见》要求有关部门、各单位结合实际健全各类民办学校退出机制。针对选择登记为非营利性民办学校或者未及选择直接终止的现有学校特别规定,财产依法清偿后有剩余的,按照有关规定给予出资者相应的补偿或者奖励,其余财产继续用于其他非营利性学校办学。

实践中发现,举办者、管理者对于公益性办学认识不尽一致,此时举办者的态度具有决定性意义。以 X 学校为例,举办者从办学开始就把购买的土地、所有学校资产、硬件全部放到学校名下,确立了长期办学、办好学校的愿景。2018 年 12 月底,学校根据当时实际作出了义务教育学段按规定选择为"非营利性"、高中部选择为"营利性"的决定,完成了市级平台操作,提交了相关实施方案。市教育行政部门 2019 年 1 月 17 日、2020 年 5 月 22 日的两次专题调研中,对相关政策作了进一步说明,举办者于 2020 年 12 月 8 日研究决定,终止办理登记为营利性民办学校的相关手续。

(二)出台激励性制度,引导举办者对非营利性民办教育形成改革预期

政府财政扶持作为一项举措,上海在《民办教育促进法》完成修订前已进行了先行探索,设立公共财政扶持项目,完善公共财政资助体系,作为对非营利性民办学校实施差别化扶持的主要选项。上海市《关于促进民办教育健康发展的实施意见》提出,探索试点政府资金支持符合条件的非营利性学校的教育教学等设施建设。在构建扶持非营利性民办教育的制度环境过程中,上海的改革体现了政府职能部门之间协同、不同层级政府之间协同的特点。

1. 扶持政策执行中的部门协同配合,形成整体政策效益

依据民办教育新法新政,市、区教育行政部门通过细化政策措施,进一步放大了扶持非营利性民办教育发展的示范效应。

首先,在财政扶持资金使用方面,财政部门、教育部门通过指导思想、政策制定、执行和效果评价的全面协同,保证了扶持政策的整体效果。

市财政部门每年在安排扶持民办中小学的扶持专项资金时,将"坚持教育的公益性,出资人不要求回报"作为享受扶持政策的四项条件之首。"十二五"期间,在实施《上

海市中长期教育改革和发展规划纲要(2010—2020年)》市级专项资金安排方案中,除民办高校内涵建设、促进民办教育规范特色发展试验、加强师资队伍建设等非营利性民办学校普遍受益的项目外,专门安排了"探索营利性和非营利性民办学校分类管理""建立公共财政资助体系"等扶持非营利性民办学校的资金。以2011年为例,市级财政预算内安排民办高等教育3 000万元,民办基础教育5 000万元,以招收随迁子女为主的民办小学3.5亿元,另在"十大工程"专项资金中安排1.91亿元。根据市政府专题会议纪要精神和上海市教育综合改革试点方案,专项资金重点用于支持办学不求回报、坚持教育公益性的非营利性民办学校的发展,对杉达学院、视觉艺术学院、东海职业技术学院、济光职业技术学院、工商职业技术学院等5所学校给予重点支持。

市教育行政部门通过创新性设立内涵发展项目,提高了扶持资金的使用效益,产生了持续激励效应,引导民办学校提高质量、办出特色。比如,加强民办学校教师队伍建设,深入实施民办高校"强师工程"和民办中小学教师优秀团队计划;强化教师福利待遇保障,实施民办学校教职工年金制度,提升民办学校教师收入水平;给予非营利民办高校示范校和开展非营利制度试点的民办中小学更大的支持和资助力度,为那些最初坚定选择公益性办学的举办者,提供了可靠的制度保障。以J区某双语幼儿园获得的定额补助为例,主要包括:通过区教育局普惠性幼儿园考核,享受了1 500元/生/月的政府扶持经费,用于弥补办园成本支出;评定为"优质普惠性民办幼儿园",获得区教育局一次性奖励20万元;2021年,基于办园成效明显、办园成绩突出,获得区教育局一次性奖励30万元。在享受政府扶持后,该园缓解了办园成本的紧张,盘活了教育资源,顺利实现了政府认可、百姓认同的"优质普惠性民办园"创建目标。

其次,用好租金减免、专门设施建设等扶持政策。民办学校规范正常的运营,在设施设备、教玩具更新、教育科研、教师的稳定等方面需要足够的资金支持。访谈中一些民办学校管理者说出了真实考虑,"老板(注:指举办者)无非希望政府的支持力度,还有一点对校舍稍微放宽一些。现在国有资产不允许出借,即使以后可以借的话是市场行为,可能经费要提高。现在比较廉价,如果办的不是很有名气的话,经济上的负担还是比较重的"(C-Z-190923)。

案例分析表明,财政扶持对于民办学校选择非营利性的坚定性,以及转设后的办学质量保障具有重要影响。C区教育局坚持教育的公益性,积极对优质民办幼儿园进行扶持,在租金、消防建设方面给予优惠。J区某双语幼儿园一园两部校舍原租金定价4元/平方米,转型为普惠园之后,在××街道属地政府的支持下,租金降为0.19元/平方米,享受了租金降减的优厚福利,极大地降低了总成本,保证了教育质量的稳定。不少非营利性民办学校利用各类财政补贴的政策利好使办学危机得到扭转。

2. 重视市级、区级政府联动,保证政策有效落地

对非营利性民办学校的扶持,需要各级政府密切配合。上海将引导举办者完善对非营利性办学的认识,作为分类管理的基础工作。在新法新政出台之前,市、区两级教育行政部门即确立了引导举办者形成公益性办学认识的思路,并采取了具体的工作措施。市、区两级相关部门对符合条件的民办学校根据其不同类别,试行相应的公共财政资助体系。

上海市制定《促进民办教育发展专项资金管理办法》,将民办教育专项资金分为内涵发展和特色创建两类,覆盖了学前教育至高等教育多个阶段。在市级政府大力扶持下,区级政府也相应加大了对非营利性民办学校的财政扶持力度。M区人民政府《关于进一步促进民办教育健康发展的若干意见》提出了义务教育阶段"对非营利性的民办中小学实行教育经费补贴,按本区公办学校生均公用经费定额标准拨付相应的经费"的精神,鼓励、扶持民办学校办出特色,促进民办教育健康发展。J区2019年度民办教育扶持基金实际补贴3566.82万元,2020年的预算达到3240.35万元,预算主要包括民办教育扶持基金、民办学校特色办学奖励基金、民办学校委托管理奖励基金等三个部分。

对于扶持非营利性民办教育发展来说,区级政府制度供给的作用与市级政府存在明显区别,更多地反映在具体政策实施过程中。以落实"扶持普惠性民办幼儿园"要求为例可以发现,市、区级政府在该项制度创新过程中分别发挥了"初级行动团体""次级行动团体"的角色。具体表现为:一是相对于市政府层面的《普惠性民办幼儿园认定及管理工作指导意见》(以下简称《工作指导意见》),区级政府出台的办法具有更强的操作性;二是,市级《工作指导意见》提供的是一般规则,不具有直接约束力。如关于普惠园义务的主要规定是,"普惠性民办幼儿园应完善财务资产管理制度和信息公开制度,

接受有关部门的年检、督导和专项审计；所接受的财政资金应全部用于改善办园条件和提升内涵发展，不得抽逃挪用"。区级政府还面临着更具体的责任，例如，当出现个别举办者难以有效履约按程序退出的情形下，应统筹公办园或其他普惠性民办幼儿园接纳普惠性民办幼儿园退出后的幼儿入园。因此，需要区级政府具备一定的教育资源调节能力。

案例 5-3：J 区扶持非营利性民办学前教育发展的实践

J 区贯彻"积极鼓励、大力支持、正确引导、依法管理"方针，各街镇根据区域幼儿分布情况合理设点布局，多模式开办民办三级幼儿园，缓解进城务工人员随迁子女入园压力。截至 2023 年 6 月底，符合条件的常住人口适龄幼儿学前三年毛入园率保持在 99% 以上，普惠性幼儿园覆盖率达 94.3%，公办幼儿园在园幼儿占比为 72.6%，全区班额达标率为 91.1%，均达到和超过教育部与上海市相关指标规定。

在实现上述目标过程中，J 区有序扩充普惠性民办幼儿园数量，通过"两步走"的方式认定普惠性民办幼儿园、优质普惠性民办幼儿园。2020 年 11 月，区教育局等五部门共同印发了《优质普惠性民办幼儿园认定及管理实施方案》，开展了普惠园认定和扶持工作。目前，J 区共有普惠性民办幼儿园 17 所，其中优质普惠性民办幼儿园 5 所，补充了学前教育服务，促进了区域学前教育服务的多样化、高质量发展。

扶持普惠性民办幼儿园是在以往的分类扶持政策基础上实现的。J 区较早设立民办教育发展与扶持基金，对民办二级幼儿园按照 1 200 元/生/年的标准予以补助。完善普惠性民办幼儿园的经费支持政策，下拨民办三级幼儿园和看护点专项经费，2014 年至 2016 年共计 1 007.49 万元，普惠性学前教育资源得到进一步扩大。

目前，普惠性民办园成为 J 区学前教育服务提供的一支重要力量。全区共有幼儿园 111 所，公办幼儿园 80 所，民办二级幼儿园 18 所，民办三级幼儿园 13 所。各类幼儿园在园幼儿共计 42 850 人，其中本市户籍幼儿 21 620 人，占 50.5%，非本市户籍幼儿 21 230 人，占 49.5%。目前全区民办幼儿园在园幼儿占比约 28%，各级民办幼儿园在规范管理、师资配备、硬件设置等方面均获得了较大提升，为全区普惠性学前教育服务提供做出了重要贡献。

案例表明,在落实扶持政策基础上,非营利性民办幼儿园较好地承担了普惠性学前教育服务供应的责任。通过扶持资金投入、教育教学和教师发展指导力度不断加大,促进了非营利性民办学校可持续运转与质量不断提高。

(三)实现扶持非营利性办学的"改革预期",需要注重保障自主权与监督规范办学并重

营利性和非营利性民办学校分类管理,作为一项系统整体的制度创新过程,集中表现为举办者对非营利性办学的"改革预期"是在持续的政策实践中形成并不断强化的。

首先,保障办学自主权。从主要影响因素看,学校的关注并非仅仅局限于对"收益"程度影响较大的扶持资金获得或收费自主定价权,而是更加关注选择非营利法人后学校的办学自主权能否得到保障。对于选择营利性还是非营利性,学校的想法是"因为(选择)非营利性也没有什么政府的支持或者一些优惠政策。如果营利性的话,可能自己的自主权大一点"(C-Z-190923)。较多的访谈对象关注政府能否做到依法监管,"如果我们想要一个好的非营利学校的发展,它一定是规制体系,边界都讲好了。如果发现问题了再建立规则,要有一段时间让大家能够适应"(C-L-190724)。

其次,提高"非营利性"规定执行的监管效能。分类监管是推进民办学校分类管理的一项关键制度,目前国家已经制定了《营利性民办学校监督管理实施细则》,尚未建立专门针对非营利性民办学校的监管实施细则。因此,对于转设或新设的非营利性民办学校,其非营利性的实现仍然需要必要的外部监督制度,对"禁止分配"法律规定执行情况,是对非营利性民办学校专门适用的监管内容。只有"禁止分配"规定得到严格落实,才能使《民办教育促进法》分类管理法律制度的价值得到完整实现。在监管内容上,通常需要检查禁止创立人、董事会成员、官员等内部人个人谋利,成员薪酬限制是否在合理范围之内,防止内部控制人从法人的交易活动中受益等规则是否得到了遵守[1]。在一般事项监管上,应体现与营利性学校分类监管的要求。例如,根据《若干意

---

[1] 税兵.非营利法人解释:民事主体理论的视角[M].北京:法律出版社,2010:76—80.

见》规定,财政扶持民办教育发展的资金要纳入预算,并向社会公开,接受审计和社会监督,提高资金使用效益。

三、 对优化教育综合改革机制的启示

与前二节呈现的案例相比,本案例重点揭示了政府通过建立整体性制度环境引导社会组织举办非营利性民办教育的内在作用机制。

(一) 应注重社会领域主体在改革过程中的法律地位及其平等参与

"扶持非营利性民办学校"作为一项制度创新试验,是依据法律规定,由法人类型底层制度调整开始,通过纵向政府间制度协同变迁而产生更大社会收益的改革项目。

首先,营利性、非营利性分类管理成功实施的前提在于,维护社会组织的独立法律地位,形成政府与社会组织之间的平等法律关系。"治理"一词主要指向组织间的"更平等"关系,以及先前不同功能之间的模糊的边界和处理随之而来的各种关系的新方法[1]。一位民办高校举办者提出,"我们最需要的就是,民办学校的教师学生与公办学校的教师学生有同等的待遇,这一条一定要落实"(C-C-190628)。行政部门应注重在分类管理实践中树立"治理"理念。在本案例中,非营利性组织以提供服务的身份参与,在整体性治理理论的视野下与政府构成了一种"伙伴关系"。伙伴关系是一个非正式但相对稳定的群体,可以获得制度资源,在治理决策中拥有稳定的地位[2]。

其次,应重视"非正式制度"对分类管理规定落实的影响。从制度变迁理论角度看,市场和社会主体的参与更重要的意义在于,从观念、价值认同上为正式制度的供给提供基础条件,使制度创新获得"非正式制度"的支持。"因为你选择了营利性,你按照营利那一套来做,非营利性的这个完全是相当于公办学校一样的。我很担心,把××(注:指学校名称)变成'小公办'"(C-C-190628)。本案例中,法律规定和顶层制度设计为微观改革主体作出选择提供了一个方向,但是如何让举办者、管理者认同并坚定选择"非营利"方向,是一个漫长的政策实践过程。

---

[1] [英]杰瑞·斯托克,楼苏萍,郁建兴.地方治理研究:范式、理论与启示[J].浙江大学学报(人文社会科学版),2007(2):5—15.
[2] [英]杰瑞·斯托克,楼苏萍,郁建兴.地方治理研究:范式、理论与启示[J].浙江大学学报(人文社会科学版),2007(2):5—15.

(二) 制度创新过程中应重视不同职能部门协调、不同层级政府联动

教育综合改革需要突破教育系统视野,从社会系统视角引导建立社会参与的制度环境。

首先,重视体现治理理念的整体性制度创新。教育综合改革的组织实施主体从以往教育行政部门上升为各级地方政府,需要发挥政府相关职能部门在引导非营利办学的各自作用。总体上,对于举办者作出选择非营利性办学的决定,教育行政部门的指导与协调发挥了重要作用,发改、财政、人社、民政等部门也发挥了无法替代的作用。本案例中,通过省级政府的制度设计、区级政府在微观层面的制度调适和执行,将多元的利益相关者凝聚在共同目标下,成为治理体系的一个组成部分。整体性治理理念对于本案例的意义在于,确认政府是一个能协调自身各部门目标和行动的整体机构,也是能主动与私人部门和非营利性组织进行合作的主体,在政府—市场—社会框架下积极构建民办教育公共治理体系。

其次,本案例展现了同级政府不同职能部门之间、上下级政府之间合作开展制度创新的意义。在教育综合改革中"制度创新者"并非一个单独存在的主体,初级行动团体和次级行动团体的相互作用构成了制度创新的复杂机理,既要重视初级行动团体的策划、推动作用,也要重视次级行动团体作为独立"决策单元"对制度变迁实际进程的影响。

(三) 应注重发挥新型政策工具对引导非营利性民办教育发展的作用

教育机构及社会公众的权益诉求是教育综合改革得以持续深入的动力。处理好政府与社会组织的关系,需要探索新的方法,激发社会组织参与的动力。"调控引导"作为政府规制的方式,主要目的是服务于特定治理方式意欲实现的具体政策目标,反映的是"服务行政"而不是"干涉行政"的职责。在本案例中根据对相关项目实施的观察,总体上对于市场、社会领域主体参与教育综合改革来说,整体性治理理论倡导的参与、谈判和协调等方式比单纯的行政强制力更具有适宜性。这就要求地方政府在改革实施中超越"权力依赖"的改革工具观,将"协调引导"与"改革实施"的作用区分开来,发挥地方政府的调控作用。地方政府应重视非强制性方法对分类管理推进的影响。对这种社会组织应相应地采用基于法律授权的控制方式,而不再使用以往针对行政管理

对象所采用的强制手段。

本案例中市、区政府对普惠性民办幼儿园的"扶持",已经不属于政府对行政相对人实施的"行政管理"行为,形成了公法、私法相结合的新型法律关系。通过采用购买服务等方式,形成了私人部门参与实现政府公共服务职能的,公法与私法相结合的新型法律关系。通过行政合同的形式提供公共教育服务,需要缔结合同的双方遵循自由、平等、协商等原则,同时因涉及公共服务职能履行而使双方承担着公法上强制性的义务。因建立在平等契约的基础上,也为民办学校的行为提供了一种新的规约方式。

(四)应充分认识非营利性民办学校监管的价值导向

引导支持非营利性民办教育发展是落实以人民为中心的发展思想的一项措施,影响着党和国家对分类管理的一系列政策的走向。作为在我国尚待发展的社会组织,其生长发育背景存在差异,办学动机和办学行为具有复杂性,需要通过合理的调控引导逐步加以改变。确保民办学校坚持社会主义办学方向,自觉规范办学行为,满足人民群众多样化的教育需求。

经过持续多年的改革试验,上海在推进民办教育分类管理,优先扶持非营利性民办教育方面取得了预期成果。截至2019年12月底,上海选择登记为非营利性的1581所民办学校已全部办理完成现有学校过渡手续,完成率100%。总体上,举办者、管理者对非营利性的认识,是选择并成功转设为非营利性民办学校的基础条件。

第六章 教育综合改革的行动方略

对教育综合改革机制的理论总结,学术界已有较多着力。作为一项旨在回归微观实践的应用研究,本章试图在总结代表性改革项目经验基础上,提出可供广大改革实践者借鉴的行动建议。与以往"机制"形式的理论成果相比,探索重点将放在,明晰组织实施教育综合改革的基础条件,提炼地方政府实施教育综合改革的"关键行为",对教育综合改革效果集成获得概括性认识。

第一节 组织实施教育综合改革的基础条件

一、克服"任务来源"对改革推进的影响

新一轮教育综合改革的基本原则是,中央政府把握改革的总体方向,具体改革任务和方法由地方政府和试点单位负责设计并实施。教育综合改革的改革预期始于主体的内在"动机",其得以持续的动力来源于改革任务确定、改革方案实施、改革成果评估等活动。其中,改革"任务来源"在多种情形下影响改革实施行为,地方政府和试点单位应努力避免。

一种情形是,由于"改革决策者"与"改革实践者"处于不同层级,改革目标在传导过程中发生了"损耗"。观察表明,在改革任务逐级"分解"、改革目标层层"传达"影响下,既定的改革策略和指导思想,常常难以得到准确体现。造成的后果是,微观主体面对具体任务时并不清晰改革意图,对改革预期的实现构成了无形阻碍。在以往教育综合改革实践中形成了既定认识,即认为改革任务确定、方法选择、程序设计,都应遵循

自上而下部署的逻辑,根源上是由改革决策者与改革实践者的角色分离造成的。这影响了共识性改革预期的形成,也增加了不必要的改革成本。在极端意义上,二者分离的负面影响还体现为,"顶层设计—地方执行"的认识限制着改革实践者主体作用的发挥。因此,针对党中央、国务院直接授权的改革事项,地方政府应准确把握自身职责,建立"改革决策者"与"改革实践者"之间的信息沟通机制,强化共识性改革预期形成在攻坚中的作用。

另一种情形则是,在改革实施中"自下而上"与"自上而下"未能形成有机联结。针对综合改革任务确定和试点地区审批,中央政府通常按照既定规范执行,选择具有典型性、优先性和可行性的内容作为综合改革主题。但是,地方政府经常把并不具有综合改革价值的发展议题冠以"教育综合改革"之名,或者把本地区所有改革发展项目装入综合改革"箩筐"。我国教育改革已经开辟了自上而下和自下而上相结合的改革路径,然而教育改革的"中间环节"尚未完全打通,造成教育改革总体成效并不理想。研究认为,打通教育改革的中间环节需要自上而下和自下而上改革方式相结合,强化国家教育改革的执行和地方改革创新的推广[1]。能否实现改革决策层意图与改革实践层需求对接,根本要素在于改革决策者能否准确感知改革实践者的意愿,而不是把自己的改革意愿强加于改革实施者。

总之,按照改革职责和授权,地方政府在改革方案设计、制度创新任务确定上具有自主性,应重视"自下而上与自上而下相结合"策略的运用。这既可以最大限度地发挥地方政府改革的能动性和创造性,也可以使改革内容选择成为一个不同主体之间改革意向表达、确认的互动过程,实现地方改革需求与国家教育改革布局的结合。

二、找回教育综合改革的"微观行动主体"

教育综合改革过程中,在国家教育法律、法规框架下,需要地方政府对相关各方参与教育改革的责任作出规范,对各方主体之间的关系供给新的制度。比如,在政府与学校关系方面,应作出完善学校法人治理结构的制度安排,真正实现政府职能和学校

---

1 孟照海.试论深化教育综合改革的实现路径——兼论"顶层设计与摸着石头过河相结合"[J].中国人民大学教育学刊,2014(2):5—16.

职能分离,国家教育行政权力与学校法人权利分离;就学校与社会关系方面,应作出社会参与学校治理的制度安排,赋予并保障社区居民、家长对学校的知情权、参与权和选择权。制度与规范供给过程中,关键在于对原有制度安排加以补充、调整,对新的活动主体的权利作出规约。这是关系改革动力得以持续的一个根源性问题。

2014年之前的教育综合改革试验采取的策略是,微观主体率先进行制度局部试验,而后经省级政府认可后在更大范围内推广扩散。在项目A"完善非本市户籍常住人口教育保障机制试验"中,作为试点单位的M区在改革方案中提出了"突出重点,创新机制"的实施原则,明确项目"要在学前教育公共服务的体制、机制上大胆创新,总结经验,为国家学前教育的改革与发展提供参考和借鉴"。案例4-1呈现的就是一种典型的微观主体制度创新,其中既有自身改革意愿的作用,其也借助了省级政府提供的指导支持。2014年之后,省级政府对制度创新方面的作用有了深入认识,表现出了更强的主动性。观察发现,不论上述哪种模式,微观主体的改革意愿都是制度创新的根本动力。由于面临的现实情境差异,不同改革主体会表现出意愿的强弱和动力的差异,对改革成果产出造成一定影响。

总体上,各地对于教育综合改革如何聚焦制度创新重点任务的意识存在较大差异,一些地方在改革实践中过分关注落实上级改革方案,将本地区迫切需要解决的现实问题淹没其中。省级政府相关负责人表达了自己的深刻认识,"从表层的改革深化到深层,就是要求改革要深入到体制机制当中去。所有这些都要求改革要有深度,要促进一些深层次的思维方式、利益分配和行为惯性的转变"[1]。对此,既有客观原因也有主观原因:客观上,由于不同政府层级管理职责和任务不同,区县等基层政府直接提供公共教育服务,但由于微观层级改革本身与制度关联不高的原因,改革中更多聚焦于任务的落实或如何解决具体技术问题;主观上,在争取跨部门政策支持时遇阻导致的制度创新意识减弱。比如,C区对多样化课程共享平台的建设是教育行政部门可以实现的,但诸多改革措施落实是存在政策障碍的,难度太大都容易导致改革意愿的降低。如项目B中遇到的一个问题是,支持高中多样化发展的师资编制受到了现行政策

---

1 唐景莉. 争取率先创建世界一流教育——访上海市副市长翁铁慧[J]. 中国高等教育,2016(Z2):26—31.

限制,如果不从部门协调的途径加以推进,类似的改革难题就很难取得突破。

三、把握"制度创新"的方式与时机

新一轮教育综合改革从破除制约体制机制障碍、解决重点难点问题出发确定了人才培养体制、办学体制、管理体制、保障机制等四个方面任务,它们均涉及到多层次相互关联的制度之间的结构问题。类似问题,只有形成各级政府协同、多部门协调的改革实施机制,才能确保项目有序推进并取得预期成效。制度创新重点任务的完成,既与明晰并始终坚持改革目标有关,也与能否充分尊重制度创新的固有规律存在关联。

一方面,教育综合改革制度创新目标能否实现,在较大程度上取决于制度与改革内容是否匹配以及不同制度是否相互配套。在制度创新过程中,应遵循其发展规律。樊纲认为,制度创新需要考虑不同制度"成长速度"的差异,由此提出了"体制之间的相互协调(coherence)"问题。此时,"循序渐进"并不能反映各种制度之间相互依存、相互制约的关系,以及制度变迁过程中各种制度必须相互"协调"或相互"兼容"的基本要求[1]。制度创新的议题框定和方式选择,正是地方政府在类似情境下面对的主要技术难题。针对当下的教育综合改革,应超越以往"摸着石头过河"的经验路径,把握制度创新的恰当方式;同时,也要放弃对"循序渐进"改革哲学的依赖,找准制度创新的突破重点,在增强不同政府间、政府不同部门间的制度协调配套上凝心聚力。

另一方面,教育综合改革制度创新目标的实现,还应注重制度供给的时机把握。就明晰改革项目目标而言,应始终把握好重点任务。教育综合改革命题提出的背景是,在经济社会条件急剧变革影响下教育系统内部人与人、人与组织、组织与组织之间的关系调整产生了新的变量。教育综合改革的深化推进,某种意义上是要通过建立新的激励机制、形成新的变革动力,为地方政府和各级学校发展提供新的收益空间。正如有研究者总结的,有成效的教育变革的核心"并不是实施最新政策的能力,而是在教

---

[1] 樊纲,胡永泰."循序渐进"还是"平行推进"?——论体制转轨最优路径的理论与政策.经济研究,2005(1):4—14.

育发展过程中发生预期的或非预期的千变万化中能够生存下去的能力"[1]。

四、通过技术细节控制教育综合改革风险

同任何领域的改革一样,教育综合改革面临着改革成本和风险控制问题。教育综合改革实施过程中的风险控制,并不是一个抽象要求,难以依靠组织纪律等手段实现,方法主要在于微观改革过程之中。推进教育综合改革还要遵循改革的阶段性特点,根据改革所处阶段确定改革策略。改革还要通过技术方法将总体目标细化为可以检验的领域目标、阶段性目标。

一是,将改革实施的注意力更多放在技术细节上。教育综合改革不应仅仅停留于实践中不断试误,而要以科学的改革理论为综合改革提供全面的理论支撑,要注重理论研究与实践行动的双向互动,使改革可能面临的风险降到最低。改革成本的控制和改革风险规避,来自对已有改革方案按计划推进的信心和坚定性。关注技术细节并非将改革简化为单纯的"技术变革",技术变革面临着复杂的外部环境和影响因素。此时,应为改革实践者能力增长提供有效支持。如富兰指出的,个人愿景的形成、探索能力、控制能力和协作能力等四项核心能力,共同构成了变革能力生成的基础[2]。

二是,采用专业的观念和方法解决技术问题。教育综合改革意欲实现的制度创新,并非某一部门独立设计出台即可,也不是由党政决策部门简单包办即可。它的难度在于,在影响改革的关键环节上实现不同部门已有制度的对接,或者实现不同领域制度的重构。教育综合改革涉及的诸多跨政府部门以及跨越学校、社会边界的制度创新任务,不应脱离试点单位和利益相关者的制度需求。就此,应重视结构性协调和技术性协调在教育综合改革中跨部门协调中的规范运用。如本研究案例中揭示的,结构性协调侧重建立不同职能部门间沟通协调的组织载体,如当前普遍建立的"教育综合改革领导小组"、专门议题的"联席会议"等非常设机构;技术性协调则侧重建立解决综

---

[1] [美]吉纳·E.霍尔,雪莱·M.霍德.实施变革:模式、原则与困境[M].吴晓玲,译.杭州:浙江教育出版社,2004:11.

[2] [加]迈克尔·富兰.变革的力量——透视教育改革[M].中央教育科学研究所,加拿大多伦多国际学院,组织编译.北京:教育科学出版社,2004:19.

合改革中技术和制度协调难点的洽商机制。

三是,重视新的治理手段的充分运用。教育综合改革中改革方法的专用性、多样性,是分析教育综合改革活动的难点,也是提高地方政府教育综合改革成效的关键。改革实施方法要求地方政府采用适应教育治理环境变化的管理工具,本研究通过借鉴整体性治理理论获得了实践启示。传统政府运作中,使用的主要管理工具包括内部组织资源管理、项目管理等,其能力运作的核心原则是"权威与规则"。在新的治理体系下,鉴于目标与资源的变化管理途径相应地发生了变化,"基于共同愿景的协作成为能力运作的核心原则"[1]。探索基于共同改革预期的改革方法,应当成为控制改革成本、规避改革风险的主要策略。

第二节 教育综合改革实施的"关键行为"

综合配套改革和教育改革机制的现有研究成果,为探究教育综合改革的关键行为提供了借鉴。郝寿义提出了综合配套改革的五大机制[2],即动力生成机制、组织推动机制、技术支持机制、外部保障机制和空间扩散机制,但是由于偏重总体性架构建立,他的研究并没有分析各机制的内在作用机理,且缺乏在改革实践中对其进行可行性验证。陈华提出了分析教育综合改革的两种视角,主张从自觉程度上将教育综合改革的利益协调机制分为自觉协调机制和自发协调机制两类,从影响力上分为教育利益扩大机制、引导机制和消解机制三种情形[3]。霍尔和霍德在《实施变革:模式、原则与困境》中,将变革行为区分为8个层次的实施水平,他们的研究更关注学校内部微观改革的发生过程,对于解释地方政府组织实施的中观层面教育综合改革仍有局限性。本研究假定,对于教育综合改革这项特别的活动,存在着比"机制"更加生动具体的描述形式——"关键行为"。

新一轮教育综合改革的任务、环境变化对改革参与方的地位、相互关系产生的影

---

1 楼苏萍.地方治理的能力挑战:治理能力的分析框架及其关键要素[J].中国行政管理,2010(9):97—100.
2 郝寿义.综合配套改革机制研究[J].开放导报,2008(6):35—39.
3 陈华.教育综合改革的利益主体与协调机制[J].全球教育展望,2017(11):76—89.

响,现有研究并没有作深入探究。富兰等教育改革研究者倡导重视实践、关注可观察行为的研究路径,"人们必须以行动的方式找到新的思想和方法,不是仅用思考的方式获得思想和方法",这构成了向"控制能力"转化的条件[1]。在理论和实证研究基础上,初步提出分布于不同改革阶段的五类影响综合改革实施方向和预期实现的行为,即:多方参与改革目标决策、教育系统内外资源交换、专业机构支持服务、制度创新中的跨部门协调以及制度创新成果认定推广等。上述各类行为覆盖了所有改革阶段,涉及到所有改革要素,在独立发挥作用的同时,它们通过相互作用构成教育综合改革的总体运行结构(见图6-1)。在这一整体结构中,改革目标决策影响改革总方向,确立了整个改革活动的方向和价值目标;资源交换、支持服务围绕改革目标在全过程中发挥保障作用;跨部门协调是核心机制,通过资源交换、支持服务的保障实现改革目标;跨部门协调的成果,通过成果认定与推广获得"合法性",并在更大行政区域内进行应用。

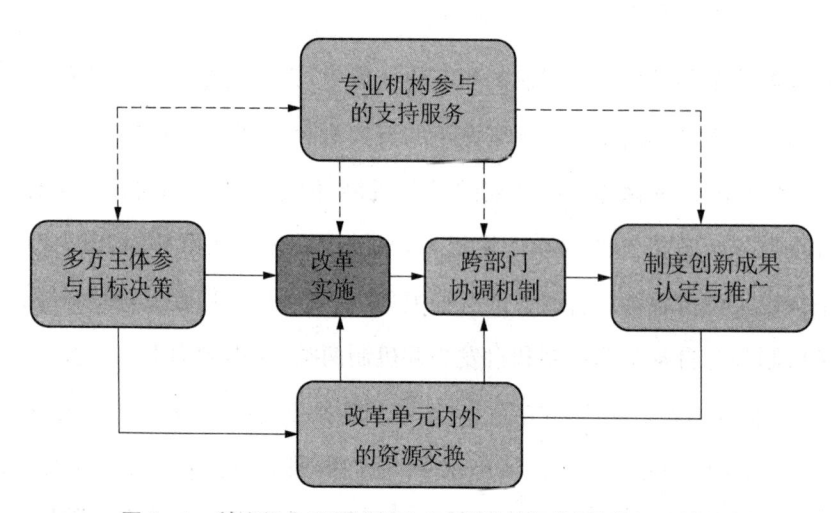

图6-1 教育综合改革过程中各项"关键行为"及其相互关系

任何改革都是有条件的,教育综合改革也不例外。如果增量教育改革需要的条件表现为追加资源投入、扩大组织规模、提高运行效率等,那么存量教育改革则需要在决策目标方式、新的主体引入、活动规范重建等方面提供相应条件。由于对改革预期实

---

1 [加]迈克尔·富兰.变革的力量——透视教育改革[M].中央教育科学研究所,加拿大多伦多国际学院,组织编译.北京:教育科学出版社,2004:23.

现的积极影响,这些能使改革顺利推进的"条件"构成了改革的"关键行为"。对于改革攻坚难题来说,关键行为展现了自身的独特价值,比如,为将改革决策者和实践者"联结"起来提供了可能,也有助于帮助一线改革实践者消除对自身行动价值的困惑。有研究者指出,"如果变革带来了巨大的痛苦,那么就很可能是因为变革的领导者们还没有弄明白推进变革到底有哪些要求和条件"[1]。提炼教育综合改革过程中的关键行为,既可以引导改革向计划的目标推进,也将带给学校中的教师、校长等微观主体成就感,感受改革的意义、改变被动参与心态,由此也将减少他们的痛苦体验。

一、多方主体参与的改革目标决策行为

多方参与的改革目标决策,是指在改革方案制定、调整过程中,通过扩大参与决策主体范围、拓展参与方式,使改革目标充分反映参与各方改革意愿的活动形式。教育综合改革方案是为实现预期目标而设定的推进综合改革的计划和总体安排。教育综合改革方案需要确立总体目标,并细化为领域目标、阶段性目标,还应将分解后的目标转化为试点单位的改革目标。

形成综合改革方案既要运用科学的方法,也要体现民主的理念。改革内容选择上,要依据"重点领域和关键环节"的要求结合本地区教育发展基础条件筛选改革项目,特别要重视以调查研究等方式听取各级管理者、实践者和利益相关者的意见,使各方主体对相应改革项目的诉求得到充分表达。通过"自下而上"与"自上而下"的结合,可以避免单纯依靠行政力量自上而下推进改革导致的动力不足,最大限度地发挥地方政府、教育机构和社会组织参与的主动性,也可以保持改革总体方向稳定,使改革成果更好服务于教育发展大局。

这只是一般的程序性要求,能否突破这种程序的功能限制,在于能否充分认识"官僚制"和单纯运用行政权威对实施教育综合改革的不适应性。官僚制强调权力集中基础上的高度统一,例如对权威的高度依赖、信息以纵向流动为主。"官僚制过盛"则表现为权力的过分集中、金字塔组织结构对层级节制的过度依赖、过程导向而非结果导向

---

[1] [美]吉纳·E.霍尔,雪莱·M.霍德.实施变革:模式、原则与困境[M].吴晓玲,译.杭州:浙江教育出版社,2004:18.

的控制机制等[1]。案例分析已经表明,传统的"官僚制"行为在教育综合改革目标的决策和协调活动中表现出了不适应性。教育综合改革的组织者要根据改革目标决策分解其中存在的问题,运用整体性治理理论、制度变迁理论的原理,探索各方参与主体之间通过协商、建构形成科学的改革目标。

行动节点一是建立多主体参与改革目标决策程序。在改革项目选择上,要结合本地区教育发展基础条件,依据"重点领域和关键环节"的要求筛选改革项目,以调查研究等方式听取实践者和利益相关者的意见,使各方主体对教育综合改革项目的诉求得到充分表达。在改革方案形成过程中,省级政府要依据综合改革的总体战略,用系统思维对各项目的功能定位和实施的优先次序作出总体安排。尽管改革总体目标设定的"空间"有限,省级政府仍将依据中央政府的授权推进改革目标决策。在总目标指导下选择改革内容、形成改革方案的过程,应成为各参与主体之间"协商""建构"的过程,也应成为各级政府职能部门、学校和教育机构、利益相关者改革共识形成的过程。多方参与改革目标决策,需要克服"单一行政手段主导"、缺乏规范程序、专业支持薄弱等问题,使改革目标获得各方的认同。

行动节点二是科学确定试点单位并依法向其授权。试点单位选择是依据改革目标、意愿将试点任务在基层单位中进行分配。尽管发布允许试点的指令属于一种"行政方法",但选择试点单位本身是一项专业活动,即需要运用专业的标准和程序进行遴选,体现了遴选标准的科学性和遴选过程的规范性。行动中地方政府既要做好顶层设计,也要发动基层单位自愿申报,找出具有改革意愿和改革能力的"试点单位"。向试点单位"授权"是指确定试点单位在"什么样的范围内试点""获得哪些资源和权力",通常应以正式生效文件进行规范。需要指出的是,地方政府发布的教育综合改革方案是对试点单位先行先试权的一种认可方式,具有一定的约束力。

二、教育系统内外资源交换的协调行为

如同其他改革一样,教育综合改革需要相应的资源投入。这是由教育综合改革

---

[1] 李若鹏. 官僚制与中国行政改革. 载文自成等主编. 行政管理理论文集,沈阳:辽宁人民出版社. 转引自:周志忍,蒋敏娟. 中国政府跨部门协同机制探析——一个叙事与诊断框架[J]. 公共行政评论,2013(1):9—117+170.

"嵌套"于社会变革的性质决定的,因而要求采用有别于传统教育改革的行动。有研究者将其概括为实现教育改革的社会关涉与联动的选择,"不仅需要解决教育发展的社会性立场问题,还需要社会提供一致性、匹配性、协同性改革政策、环境与行动"[1]。资源依赖理论从权力控制关系角度看待组织的资源依赖性,主张把组织视为政治行动者而不仅仅是完成任务的工作组织,其主要观点包括两个方面[2]:一是组织间的资源依赖产生了其他组织对特定组织的外部控制,并影响了组织内部的权力安排;二是外部限制和内部的权力构造构成了组织行为的条件,并产生了组织为了摆脱外部依赖、维持组织自治度的行为。由于聚焦于制度创新,教育综合改革所需资源的类型有其特殊性,通常以政策性资源为主,以人力、财力、物质资源为辅。优化教育综合改革所需资源配置,重在形成一种符合教育综合改革目标的政策资源和人、财、物资源的优化组合方式。外部组织的参与也是一种为教育综合改革提供资源的形式,因此实现试点单位与外部参与者之间的合作也是教育综合改革资源配置的任务。

行动节点是建立基于伙伴关系的社会资源交换机制。由于需要对教育系统与市场、社会等系统之间的需求进行协调,教育综合改革需要在更大范围内建立一种"资源交换机制",这往往不是传统行政命令方式所能实现的。教育综合改革中的资源交换,既可以是一种实体性资源,也可能是一种以"信任""支持"形式存在的精神资源。教育综合改革需要建立一种基于"伙伴关系"的平等主体间的资源交换机制,参与资源交换的组织之间既有资源的输出,也有新资源的输入。作为政府治理中组织创新的一个最基本工具,"伙伴关系"(partnership)一般是指两个或两个以上的组织或机构分享共同议程、协同工作,同时保持着自身的目标及其活动的独立性[3]。因此,它可以在不危害组织利益的前提下有效地实现组织(机构)间的资源整合,以实现各方的改革预期,扩大各自的"社会资本"。例如在改革实践中,一所高中学校实施创新素质培养过程中借由政府出台的"制度"利用了某高校的实验室,该高校输出了物质资源,承担了共同培

---

1 郝德永.我国当代教育改革的方法论偏差及症结[J].教育研究与实验,2018(1):12—18.
2 邓锁.开放组织的权力与合法性——对资源依赖与新制度主义组织理论的比较[J].华中科技大学学报(社会科学版),2004(4):51—55.
3 曾维和.当代西方"整体政府"改革:组织创新及方法[J].上海交通大学学报(哲学社会科学版),2008(5):20—27.

养创新人才的社会责任,获得了高中学校的信任和社会赞誉,从而增加了该高校的"社会资本"。

三、专业机构参与的改革支持服务行为

教育综合改革有其特定理论内涵,改革的目标、程序和方法也有相应的规范性要求,必须从启动阶段开始,重视改革行为专业化、规范化建设。不同于一般的行政管理活动,教育综合改革在组织实施过程中对指导、评估、反馈等专业技术运用有更高要求。专业支持机制是指政府行政部门以外的专业机构、社会组织提供的,以提高参与主体改革行为专业性和自我决定能力的服务。专业支持包括咨询、指导、评估、推广等方法,可以为试点单位提供改革方案制定、活动实施等过程中专业技术上的指导,并且有助于利益相关者态度调查,以及对试点成果进行评估认定等活动的开展。

行动节点是为微观主体提高自我决定能力提供服务。教育改革作为一种专业活动,有其自身的规范性要求,改革主体要注重专业化技术的运用和建立规范化的改革实施程序,这样才能使教育综合改革按改革方案设定的轨道行进。项目A"完善非本市户籍常住人口教育保障机制试验"中,M区通过由市区教育科研专家、大学研究人员、区镇管理人员组成的"专家组",在多个阶段以不同形式发挥了专业支持作用:一是通过专家座谈会,确定了"制定积分制标准"的原则;二是采取德尔菲法,把这些标准细化成可操作的条目;三是抽取全区3 247名非上海户籍人士子女的父母进行了调查。对于那些具有改革意愿,但缺乏足够用于支持任务分解、目标决策的专业技术能力的试点单位,则需要借助"外部"专业力量的支持。专业支持行为的意义在于,要在规范的技术要求引导下,使教育综合改革超越"摸着石头过河"的经验改革层次,提高改革主体自我决定的能力,避免不断试误导致的改革成本提高。

四、制度创新中的协调与合作行为

跨部门协调与合作是制度创新、新制度供给的关键环节,通常集中在试点任务完成之后。它是实现改革预期的关键,对整个教育综合改革实现重点领域、关键环节制度创新有决定性影响。在治理理论看来,跨部门协调不同于通常意义上的部门合作、

沟通，而是建立在共同改革意愿基础上的对不同部门政策进行对接、整合的技术工作，因此要求参与政策协调的各部门能全程参与改革试点过程，或者对改革试点的背景、任务、成果等信息有全面、系统的掌握。如前文所述，本研究借鉴相关理论将教育综合改革中跨部门协调的具体技术，划分为结构性协调和程序性协调：结构性协调侧重建立不同职能部门间沟通协调的组织载体，如当前普遍建立的"教育综合改革领导小组"、专门议题的"联席会议"等非常设机构；程序性协调则侧重建立解决综合改革中技术和制度协调难点的洽商机制。主要行动节点包括：

行动节点一是政府职能部门间的结构性协调。 教育综合改革涉及诸多跨政府部门以及跨越政府、学校、社会边界的制度创新任务，因此其制度设计不应脱离试点单位和利益相关者的制度需求，更不可能由某一行政部门甚至其内部机构独立设计出台。按照我国的行政管理体制的文化，仍有必要强调发挥"结构性协调"方法的作用，发挥领导重视对跨部门协调的意义。因此，结构性协调主要在改革启动和实施阶段使用。前述案例研究已经表明，"综改领导小组"在组织不同部门力量参与改革方面的作用。同时，政府体系内上下级部门之间的纵向合作，也属于基于共同改革任务的平等主体之间的合作。这样的"定位"以文字形式反映在市级政府的改革方案中，如《上海市教育综合改革方案（2014—2020 年）》提出，"把属于区县政府和学校的权力切实放下去、放到位"，"理顺各级教育事权……为基层自主探索搭建平台，留足空间，形成上下齐心、各方协力推进教育改革发展的新局面。"在实践中，上下级之间的"结构性协调"主要发生在改革项目确定、试点单位选择等环节。

行动节点二是不同层级政府间的程序性协调。 不同于结构性协调，程序性协调则侧重建立解决综合改革中技术和制度协调难点的洽商机制。制度变迁过程中的协调方式，在创建过程不同阶段、面对不同任务时产生相应作用。卢现祥将其概括为"协调效应"[1]，表现为两种类型：一是在"通用性制度设置"下与其他组织缔约，实现资源的单向传递；另一种是在双方具有互利性条件下，它们可以"投资"开发新的制度，实现资源和相关衍生产品的双向传输。随着教育综合改革的不断深入，制度创新的重点和难点

---

1 卢现祥.西方新制度经济学(修订版)[M].北京：中国发展出版社,2003：90.

将主要集中在部门政策衔接方面的"程序性协调"。目前各地改革方案普遍提出了"制度创新"要求,但是科学、有效的跨部门制度创新成果还较为匮乏。如果不能在关键环节制度创新上实现部门协同,已经建立的政府牵头的改革协调机制的效果也会大打折扣。程序性协调表现为,发挥好政府各职能部门间的主动合作、协同决策对于破解关键环节制度攻坚难题的作用。主要的改革项目难以顺利推进,需要制度设计环节把重点放在跨部门政策方面的"程序性协调"上,打通教育与其他职能部门政策衔接不畅的"瓶颈"。这正是运用"综合改革"方法的意义所在,一方面它"迫使"各行政部门把注意力集中到改革项目上;另一方面,通过建立这种协商协调机制,为制度设计涉及的政策障碍在不同部门之间进行更为复杂的程序性协调提供了可能。

五、制度创新成果的识别与推广行为

教育综合改革中的制度创新是基于试点单位实践的制度设计,试点单位和作为组织者的省级政府既有各自独立承担的任务也需要密切合作。试点单位承担的是按照改革总体目标对制度构想进行"本地化"试验的任务,省级政府则承担着评判、总结制度创新成果,并自下而上逐级传递的任务。

行动节点一是吸纳微观主体的制度创新成果。本质上是省级政府作为改革组织者如何对作为试点单位的下级政府、教育单位的制度创新成果进行吸纳和传递。地方政府对微观主体制度创新成果的认定,既是对改革方案中既定改革目标实现程度的评判,同时也是对各参与方改革预期和制度需求满足程度的衡量。形成主动吸纳微观主体制度创新成果的机制,需要政府部门具有科学的改革价值观,用开放的视野接纳微观主体改革成果。在试点成果认定环节,地方政府更注重运用专业方法。比如,2014年之前该省实施的教育综合改革项目通常采用"项目结题"方式进行成果认定,邀请来自国家教育体制改革领导小组办公室或本省专家组成结题鉴定专家组,形成书面"鉴定意见"。2014年之后实施的综合改革项目,则以"专家评审"的方式对试点单位上报的成果进行认定。相对于行政方法,专业方法更容易对试点单位产生激励效果,同时也有利于形成改革参与各方对于"何为成功的教育综合改革"的普遍认同。在认定基础上对制度创新成果的推广是对教育综合改革试点单位的一种重要激励机制。另一个意义在于防止制度创新的"链条"断裂。

专栏：如何"识别"教育综合改革成果

从众多已经完成的改革项目中"识别"出具有推广价值的成果，是改革成果推广的基础。通常需要体现以下三个方面要求：

一是"识别"范围清晰。具有推广价值的改革成果，首先应该是一项规范实施的改革项目，比如有科学的改革方案，有明确的改革目标，有完整的实施过程，有规范的成果认定程序等。"识别"需要在符合上述条件的改革项目中开展。

二是"识别"要素全面。现实中不少教育改革成果，有的符合改革需求却难以在不同环境下"落地生根"，有的成果在实施上可行却可能与原有政策发生冲突。比如市辖区在骨干教师交流方面的改革经验，就很难在自然地理条件迥异的山区县推广。显然，改革成果推广对改革目标定位、资源投入水平、社会观念文化等都具有严苛的要求。因此，对改革成果的"识别"不能仅仅停留在对某个单一视角、要素的判断上。有关研究显示，值得推广的改革成果具有一些共同特征：成果对于其他使用者而言的可观察性；成果与推广区域改革环境的兼容性；成果与使用者改革需求的匹配度。

三是"识别"方法科学。目前主要以行政部门认可、专家评定等方式进行认定，但是在两方意见不完全一致情况下，往往容易给推广区域内使用者造成选择困难，也容易使推广实施存在一定"风险"。理想的选择是行政部门认可与专家评定并重，重视做好对改革成果的深度分析和专业解析。目前已有多地采用"案例评比""案例发布"等方法进行改革成果认定与推广。由于案例发布之前通常会组织专家或委托专业机构对改革成果进行评选，遴选出真正符合"专业"标准的改革成果。类似方法的价值在于使将要推广的成果具有更强的可观察性、可试验性，更易于为推广区域内的使用者学习。

行动节点二是在更大区域内推广制度创新成果。 改革成果推广通常依托行政指

令、推介、竞争性试验、自主学习等不同策略实现。一个区域内教育改革成果推广采取何种方式,以往行政部门具有更大"话语权"。核心是所传播、扩散的制度在试点地区之外的组织、个人的感知度、接受度高低。成果推广之前需要采用一定的方法,获取这些地区的相关组织、个人对拟实施制度的预期的契合程度等信息,并根据调查结果对拟推广制度进行局部修正和技术细节的完善。比如,上海市教育综合改革领导小组办公室以《关于公布上海教育综合改革典型案例(2015年)的通知》发布了25项区县教育综合改革典型案例、40项高校深化综合改革典型案例。此外,制度创新成果的推广也需要一定的媒介手段。所谓创新扩散的媒介,主要是指推动某项创新在地方政府之间扩散的网络、组织或个人[1]。尽管地方政府往往占据着政策扩散研究的中央位置,但决策者并不一定就是创新扩散的主要推动者,新闻媒体的报道和传播也发挥着重要作用。专业总结和媒介在创新扩散的过程中并非是相互独立的,往往通过相互组合发挥作用。

在教育改革成果推广过程中,地方政府及教育行政部门发挥着"组织者"的作用,但是不应该包办、替代其他主体的参与。研究表明,"媒介"是改革成果推广不可缺少的要素。就当前教育改革领域而言,这些"媒介"要素正在向多种样态发展,比如新闻媒体、专家学者或专业机构,以及专门从事某项改革成果推广的课题组或支持机构。这些"媒介"各有自身优势,媒体的优势是可以使改革成果在短时间内大范围传播,专家学者或专业机构的优势是对改革成果的认可更具有专业性、权威性,专门从事成果推广的课题组或支持机构的优势则在于对改革实施提供的支持服务具有全程性、个别化、专注性等特点。实践中上述三种类型的"媒介",往往是相互补充而不是独立发挥作用。对某种"媒介"作用的重视,可以"折射"出一个区域教育行政部门推广教育改革成果的价值理念。伴随着竞争性试验、自主学习等成果推广策略的广泛使用,未来改革成果推广的支持服务将会向专业化、专门化、参与式等方向发展。

---

1 朱旭峰,张友良.地方政府创新经验推广的难点何在——公共政策创新扩散理论的研究述评[J].人民论坛·学术前沿,2014(17):63—77.

表6-1 地方政府实施教育综合改革的"关键行为"与"行动节点"

关键行为	行动节点	参与方
多方主体参与的改革目标决策	建立多主体参与改革目标决策程序	组织方;基层单位代表;专业机构
	科学确定试点单位并向其依法授权	组织方;试点单位
教育系统内外资源交换的协调	建立基于伙伴关系的社会资源交换机制	组织方;试点单位;社会组织、市场组织
专业力量参与的改革支持服务	为微观主体提高自我决定能力提供服务	试点单位;专业机构
制度创新中的协调与合作	发挥跨部门结构性协调的基础作用	组织方;试点单位;相关职能部门
	重点发挥跨部门技术性协调的关键作用	试点单位;相关职能部门;专业机构
制度创新成果的识别与推广	形成对微观主体制度创新成果的吸纳机制	组织方;试点单位
	区域内典型制度创新成果的推广学习机制	组织方;所有单位

上述五类"关键行为"实施过程中,仍不可避免地需要发挥地方政府使用基于强制性权力属性的行政手段和方法,但停留于此并不足以实现教育综合改革的预期。对此,地方政府一方面需要坚持"职责有限性"原则,准确区分"教育改革"与"教育发展"的性质差异;另一方面还需要地方政府发展并熟练掌握一套适用于"教育综合改革"的技术方法,比如改革需求调查与评估、改革目标决策中的专家参与、跨部门或跨层级协调的方法等。这些方法将在很大程度上影响改革的规范实施和改革预期的实现,需要强调的是,成果推广应用并发挥更大辐射效应的前提,建立在地方政府对"教育综合改革"形成新的认识,并在所有参与者中形成共同的改革预期。

第三节 教育综合改革效果的系统集成

不同于单纯对成果本身的评价,教育综合改革整体效果的形成需要检验机制各

"部件"是否发挥了作用,是否对改革主体的意愿和能力产生了预期影响。针对变革的复杂性和不可控性,新制度主义持有积极态度。马奇和奥尔森指出,"变革不可能总是被精确掌控,但进行有意图的变迁也是可能的"[1]。就原理而言,教育综合改革的目的首先在于改变参与改革的"个体"。无论是对一项新制度的认同,还是推进制度的整体变革,都是以单一个体的认识和行动开始的,之后随着个体数量的变化,达到"临界点"之后性质开始发生变化。富兰曾对个体在教育变革中的作用做了精辟阐述,认为对个体的关注不是要代替对系统变革的关注,个体变革与组织系统变革之间存在着一种微妙的转化过程。一方面,深刻地影响了个体,使其确信自己的"改革预期"可以得到实现。对于教育变革过程中个人选择他指出,"对于变革与否我们无法选择,不过,我们确定可以选择怎样作出反应"[2]。另一方面,成功的改革并不限于"试点"的成功,而在于其经验可以为更多"个体"习得。个体的成功与组织系统的成功可以被建立起联系,"个人意义与社会(共享)意义之间,存在着一种深刻的相互依赖关系"[3]。成功的制度创新是接纳该制度的个体的数量朝向临界点发展的过程,过程的动态性、渐进性决定了制度需要关注并引导这一发展过程。本研究始终聚焦于探求以下问题的答案:不同类型主体在改革过程中是如何相互作用的?如何逐步形成共同的改革意愿?如何通过相互影响提高各类主体的改革能力?任何一方改革主体,其改革意愿和改革能力各自存在差异,但可以发生变化,因而意愿和能力总是处于如图6-2所示的四个象限之中。

  在各项关键行为构成的整体结构中,跨部门政策协调是改革过程的核心活动,因而也是实施机制的核心影响要素。改革目标决策是改革前期的具体环节,是跨部门制度协调的基础。意义在于,确保改革参与主体在充足动力和强烈意愿驱动下参与改革活动,同时使改革活动始终围绕既定目标前进。专业服务机制则是保障性的,覆盖了改革的全过程,对改革目标决策、改革资源配置、跨部门政策协调、改革成果扩散等环

---

1 [美]詹姆斯·G.马奇,[挪]约翰·P.奥尔森.重新发现制度:政治的组织基础[M].张伟,译.北京:生活·读书·新知三联书店,2011:256.
2 [加]迈克尔·富兰.变革的力量——透视教育改革[M].中央教育科学研究所,加拿大多伦多国际学院,组织编译.北京:教育科学出版社,2004:159.
3 [加]迈克尔·富兰.教育变革的新意义(第四版)[M].武云斐,译.上海:华东师范大学出版社,2010:236.

节,主要从改革主体的外部"施加影响"。成果扩散机制是跨部门政策协调效果的延伸,作用在于通过对改革的试点成果进行评估认定、吸纳、推广应用等方式发挥作用,使教育综合改革成果在更大行政区域范围内得到推广应用。

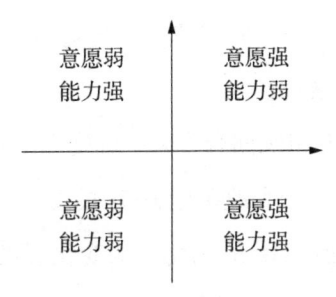

意愿弱 能力强	意愿强 能力弱
意愿弱 能力弱	意愿强 能力强

图 6-2 教育综合改革主体的改革意愿、改革能力组合形态

上述五项关键行为共同指向地方政府实施教育综合改革的能力提升,具体表现为单一主体、主体之间两个维度的状态变化:一是单一参与主体的改革意愿和改革能力的提高;二是多个相关改革主体之间合作实施改革的意愿和能力的提高。国内综合改革研究者郝寿义认为[1],改革机制的本质主要是激励与约束,而约束又是一种反向激励,因此可以把改革机制看成是一种对改革本身进行激励的条件和手段的总称。构成实施机制涉及的各种要素,综合而成的"变量"可以概括为"专业支持水平""制度激励能力",其可以被视为对改革主体进行激励的条件和手段的概括。对形成实施机制的影响表现在两个方面:首先是改革参与主体作为"独立利益单元"的改革意愿和改革能力的变化程度;其次是一项改革中相关参与主体之间合作意愿和合作能力的变化。在上述五大机制作用中,有两条潜在的主线贯穿其中,它们相互作用并在改革活动展开过程中持续发挥作用:

专业支持水平,主要表现为以专业的方法技术评估改革需求、支持改革行动、认定改革成果,与行政推动力量形成有效互动。

制度激励水平,主要表现为改革参与主体之间的协作,促进跨部门政策协调,最终实现在共同的改革意愿下,建构新的一体化制度。

---

1 郝寿义.综合配套改革机制研究[J].开放导报,2008(6):35—39.

在专业支持和制度激励发挥作用过程中,"行政方法"和"专业方法"是隐含在整个机制中的,对改革主体活动交替发挥作用的两个中介要素,如何实现二者之间的协调和力量平衡也构成了教育综合改革机制的"暗线"。"专业方法"的作用在于使用专业服务提高微观主体的改革能力,"行政方法"则更多地通过发挥制度供给和组织协调的制度激励水平,提高主体的改革意愿。

图6-3,分别从单一组织、组织间合作两个维度标示其改革意愿和能力变化状况:实线代表单位个体的改革意愿(a)和改革能力(b)的变化;虚线代表单位之间共识性改革意愿(A)和合作实施改革能力(B)的变化。从变化程度上看,某试点单位的改革意愿从a1发展为a2,改革能力从b1发展为b2。从归因上看,专业服务对该试点单位的影响大于制度激励的效果,用公式表示即:$(b_2 - b_1) - (a_2 - a_1) > 0$。某项目政策协调中的两个参与部门的共识性改革意愿从A1发展为A2,合作实施改革能力从B1发展为B2,均有一定提高,但是共识性改革意愿变化程度更大,合作实施改革能力变化相对较小。从归因上看,制度激励对这两个部门合作的影响大于专业服务的效果,用公式表示即:$(A_2 - A_1) - (B_2 - B_1) > 0$。

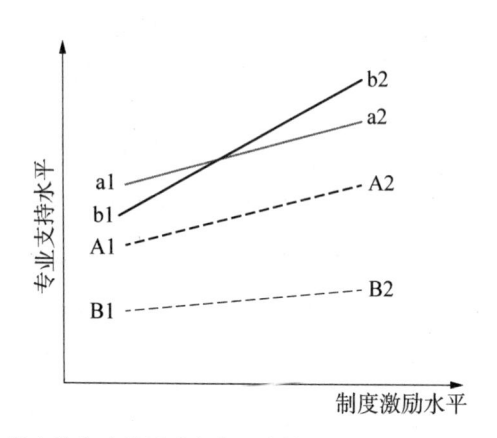

图6-3 教育综合改革活动中专业支持、制度激励的作用效果示意图

回到各地教育综合改革实践,目前两个方面作用发挥存在着较大提升空间:

就制度激励而言,以往地方政府和教育行政部门习惯于用行政力量组织改革活动,没有充分发挥制度供给对改革实践主体的激励作用。提高改革的成效要求地方政府依据改革实施中的问题,协调好行政力量、专业力量的关系,促进改革活动朝规定的预期发展。就专业支持而言,受改革组织者"部署""推进"等思维影响,一些地区尚未构建起专业组织广泛参与提供专业服务的机制,"专业方法"的作用并未充分显现出来。需要在改革组织实施的各阶段依据情境和任务属性,选择专业的技术方法从外部影响改革主体,提高改革主体的改革意愿和能力。

"专业力量"概念的提出,还与教育组织及其中心活动性质联系在一起,它是维护教育组织特性、确立专业在其运作中心地位的基本要求。在教育综合改革活动中,"专业力量"为作为改革主体的组织之间的"学习"提供支持条件,因而是综合改革发生于教育组织中时区别于其他领域的决定因素。组织"是为一定目标所组成,用以解决一定问题的人群"[1]。教育综合改革中促进改革主体的"组织学习",本身就是改革的一项任务,根据组织学习阶段提供相应的支持,是对改革决策者的新挑战。教育综合改革的成果推广机制与主体的无意识学习有本质区别,需要发挥"体制型学习"和"自主型学习"两种方式的作用。一方面,体制型学习的使用是集中体制下有作为的上级政府推动的结果,另一方面自主型学习的增长,与地方政府创新意识的增强以及上级对创新的鼓励有直接的关系。

---

1 [美]道·诺斯.制度变迁理论纲要[J].改革,1995(3):52—56.

结语：在微观实践中实现"攻坚"目标

自新一轮部署以来，关于教育综合改革的研究成果堪称丰硕。但是，实践领域对于何谓"教育综合改革"、如何推进"教育综合改革"仍存有不少疑惑，不同程度地影响着改革目标实现。在对教育综合改革"轰轰烈烈"部署的同时不可否认，政府、学校和社会公众从不同视角对教育综合改革成效作出自己的判断。学术上，对"教育综合改革"这一带有鲜明历史特征、实践问题变动不居的新事物，研究的理论准备需要加强，采用怎样的方法更加需要引起重视。针对教育改革研究迈尔和罗万从新制度主义的视角发出感慨，"缓慢的学术研究与教育制度的实际变化形成了强烈的对比"[1]。认识因社会整体变革引起的教育综合改革实践，是一个在不同时空条件下都面临挑战的艰巨任务。结束本研究之际，仍然需要追问："教育综合改革"能否担负起改革攻坚任务？这既是对改革实践者的挑战，也是对教育改革研究者的挑战。我们当以观念转变和更加具体的行动回答这一问题。

一、组织实施教育综合改革，应当设置"有限目标"

"教育综合改革"不是一种无关效果的行动工具，但其价值首先有赖于对改革目标和内容精确性的认识。只有针对具体改革项目、进入微观改革实践，才能对改革是否实现了最初设定目标作出客观评价。

首先，教育综合改革项目目标设置，应当回到具体问题情境中。教育综合改革不是"摸着石头过河"，其目标也无法在启动之初即被加以精确设计。事实上，这也是所

---

[1] [美]海因兹-迪特·迈尔,布莱恩·罗万,郑砚秋. 教育中的新制度主义[J]. 北京大学教育评论,2007(01)：15—24+118.

有领域改革者需要面对的困惑:不知道问题的根源在哪里,哪些是真正需要改革的[1]。对于教育综合改革来说,教育活动的复杂性加剧了这种困惑,试图克服这种困扰必须回到具体的改革情境中。由此,"改革目标"的价值相对于特定问题情境而存在,"改革目标"是破解特定问题的路径方法"指引"。

其次,教育综合改革的目标,应当得到清晰界定。作为本研究的实证研究对象,上海在承担国家教育综合改革试点任务之初即明确提出,"在推进各项试点项目的过程中必须立足改革的全局,把握各项目的研究方向与侧重点""必须立足整体的改革设计,不断细化和完善各项目的改革设计"[2]。本书从积极的角度建议,未来的教育综合改革应在启动之前对以下问题形成明确认识:哪些是应该始终坚持并努力实现的目标,否则改革便应该被定义为"失败"？哪些可能是"实现难度较大的目标",应当作为制度创新追求的外在"收益"努力予以实现？哪些是"无助于问题解决的方法",从改革之初便应该努力加以避免？

再次,对于教育综合改革的制度创新成果,应当建立评估认可机制。即使是一个失败的改革项目,决策者和实践者也不可能从中一无所获。现实中,关于教育综合改革项目的评估,在立项、实施、总结等阶段普遍没有得到重视。本研究的多个案例表明,评估、论证等专业方法在制度创新中发挥着重要作用。对某一具体改革项目实施成果的评估认定,是判断成果是否值得推广的基础条件,也可以从中获得改革如何深化的启示。

二、教育综合改革动力的延续,取决于"微观主体"作用充分发挥

教育综合改革是政府、学校和社会共同参与的一项探索性实践。教育综合改革可以在多种维度上实现"宏观"与"微观"的联结,其中,改革决策者和实践者的"联结"居于中心地位,影响着改革方法的衔接、匹配进而影响着改革预期的聚合和实现。本研

---

1 樊纲,胡永泰."循序渐进"还是"平行推进"？——论体制转轨最优路径的理论与政策[J].经济研究,2005(1): 4—14.
2 尹后庆.推进综合改革试点项目深化上海基础教育转型发展[J].上海教育科研,2012(2):5—8.

究发现,对于一项教育综合改革项目,"改革主体"是一个抽象的、难以准确地被描述和列举的对象。个体在教育综合改革实践中看似处于"末梢",其地位却无法被忽略。导论部分关于"宏观改革"与"微观变革"的性质问题,回到技术和现实层面,或许答案不言自明。

一是,尊重"微观主体"在改革中的独特地位。"微观主体"对于教育综合改革的意义首先在于,它将影响改革的意义能否被发现,能否实现个体与组织目标的联结。更重要的意义还表现在,它本身是教育综合改革最初希望"解放"的对象,得到"解放"的个体数量正是改革预期实现的一个技术化表征。作为个体的教育工作者,借此机会批判性地思考各种改革模式的特点,以及这些特点与教育结果的联系方式,以及改革模式将如何改变他们的教育实践[1]。任何有效的机制都依赖于具体而微的行动。经过实证研究发现,就某一具体项目或某一特定改革阶段而言,找到"微观主体"是破解教育综合改革难题的一把"钥匙"。

二是,给予充分的时间和机会,让"微观主体"在行动中发现、感悟改革的"意义"。通俗意义上的"理念"和"愿景"可以产生情感激发的效果,但它仅仅影响了改革意愿。个人愿景能否转化为改革能力,取决于个体能否发现行动的"意义"。"目标"不等于"意义",目标可以事先设定,意义是在行动中被发现的。通过相关案例可以确信,教育综合改革的"意义",存在于每一位改革实践者的行动中。"意义"的发现,将帮助他们在改革发生过程中避免目标"偏移"。更重要的是,"意义"还将激励改革实践者努力将目标转化为"制度创新"成果。

三是,认识并发挥"微观主体"在制度扩散过程中的作用。"试点单位"是教育综合改革成果值得被推广的关键力量,综合改革需要面对从局部试点走向更大范围推广辐射的要求。成果推广过程中其收益不衰减的基础是,已经被强化了的"改革预期"可以被更多改革项目中的个体认可。按照富兰的提示,这有赖于"个人"意义向"共享"意义的转化,改革者只有把自己的成功与整个社会系统的成功联系在一起,始终坚持追求

---

[1] Edward P. St. John, Genevieve Manset-Williamson, Choong-Geun Chung and Robert S. Assessing the Rationales for Educational Reforms: An Examination of Policy Claims About Professional Development, Comprehensive Reform, and Direct Instruction Michael [J]. Educational Administration Quarterly, 2005 (41):480.

难以捉摸的"意义",变革的最终目标方能实现[1]。在"试点单位"作为制度创新主体取得成果时,教育综合改革面临着如何在方法论意义上进行扩散的要求。这是比局部试点改革推广意义更大、也更显艰难的一项活动。

三、教育综合改革实现攻坚难题,有赖于形成共识性"改革预期"

已有研究发现,进入"深水区"的教育综合改革,必须触及既有的体制机制和利益格局,因此形成共识与合力的难度加大[2]。本研究追踪的试验区案例也表明,不同于传统教育改革"顶层设计—地方执行"的线性逻辑,改革决策者、实施者的分离,加大了教育综合改革共识形成的难度。本研究反复强调"改革预期"的独特价值,结束研究时更加确信,在不同层级、不同角色的改革参与者之间形成共识性"改革预期",是教育综合改革能否肩负攻坚重任的前提。

首先,形成共识性"改革预期",是应对改革"嵌套性"难题的一项重要策略。教育综合改革的"嵌套性"让不同层级改革实践者的行为之间相互影响,决策者和实践者的行动相互影响。这些影响也不是即时的、一次性的,而是处于持续互动过程中。在不同层级改革行动者之间形成共识性"改革预期",教育综合改革的组织管理要回归教育改革问题本身。经过基础理论研究可知,"改革决策者""改革实践者"共同作为"制度创新者"之间的持续互动,是造成教育综合改革复杂艰巨的根本原因。这种持续互动的价值正在于形成共识。前提在于,通过对改革目标和效果清晰地分析,使改革注意力回到技术问题上。

其次,形成共识性"改革预期",是改革主体之间建构积极合作关系的基础条件。富兰把变革的动力定义为"对变革的本质和变革的过程具有自觉的认识"[3]。更大的困难在于,这种动力从单一个体向多数个体的传导。作为教育综合改革的效果要素"目的"的最终状态,也即分析框架中的"改革预期",是检验改革成效的主要指标。共识性

---

1 [加]迈克尔·富兰.教育变革的新意义(第四版)[M].武云斐,译.上海:华东师范大学出版社,2010:236.
2 上海市教育综合改革专家咨询委员会秘书处.为教育改革探路 为教育现代化助力——上海市教育综合改革发展报告(2014—2017)[M].上海:上海人民出版社,2017:8.
3 [加]迈克尔·富兰.变革的力量——透视教育改革[M].中央教育科学研究所,加拿大多伦多国际学院,组织编译.北京:教育科学出版社,2004:19.

"改革预期"是在教育综合改革实践过程中个体(组织、部门)层次的"愿景"转化为有意义的改革行动的条件。通过改革技术引入、程序变革、方法创新等"技术性策略",可以实现改革决策者、实践者从"分离"走向"整合"。

再次,共识性"改革预期"的实现程度,应该在更多教育活动主体的日常体验中得到检验。十多年来,人们总是将新一轮教育综合改革与"改革攻坚"联系在一起。关于"增量改革"还是"存量改革"之争论表明,由于不同的性质定位我们可以采用不同标准对改革成效加以检验。富兰通过区分革新(innovation)和革新性(innova-tiveness)来揭示"创新"的涵义[1]:前者与某个给定项目的内容有关,后者则涉及持续改进能力;前者关注于某个特定的变革,跟踪其成功或失败的轨迹,后者则从学校、学区文化入手来检验变革是如何创新的。这可以给当前教育综合改革深化过程中如何推进"制度创新"以有益启示。只有将制度创新的"攻坚"任务转化为各项改革要素在实践中的技术要求,教育综合改革方可胜任这一神圣使命。

1　[加]迈克尔·富兰.教育变革的新意义(第四版)[M].武云斐,译.上海:华东师范大学出版社,2010:9.

主要参考文献

一、著作
1. 朱光磊.现代政府理论[M].北京:高等教育出版社,2006.
2. 王丛虎.地方政府[M].南京:江苏人民出版社,2014.
3. 卢现祥.西方新制度经济学(修订版)[M].北京:中国发展出版社,2003.
4. 卢现祥.新制度经济学[M].武汉:武汉大学出版社,2004.
5. 汪洪涛.制度经济学——制度及制度变迁性质解释[M].上海:复旦大学出版社,2003.
6. 江美塘.制度变迁与行政发展[M].天津:天津人民出版社,2004.
7. 李牧.行政主体义务基本问题研究[M].北京:法律出版社,2012.
8. 李维安等.网络组织:组织发展新趋势[M].北京:经济科学出版社,2003.
9. 董礼胜.西方公共行政学理论评析[M].北京:社会科学文献出版社,2015.
10. 何显明.市场化进程中地方政府的行为逻辑[M].北京:人民出版社,2009.
11. [美]约瑟夫·熊彼特.经济发展理论[M].贾拥民,译.北京:中国人民大学出版社,2019.
12. [美]詹姆斯·C.斯科特.国家的视角——那些试图改善人类状况的项目是如何失败的[M].王晓毅,译.北京:社会科学文献出版社,2004.
13. [美]B.盖伊·彼得斯.政治科学中的制度理论:新制度主义(第三版)[M].王向民,段红伟,译.上海:上海人民出版社.2016.
14. [美]菲利普·塞尔兹尼克.田纳西河流域管理局与草根组织:一个正式组织的社会学研究[M].李学,译.重庆:重庆大学出版社,2014.6.
15. [加]迈克尔·富兰.变革的力量——透视教育改革[M].中央教育科学研究所,加拿大多伦多国际学院,组织编译.北京:教育科学出版社,2004.
16. [加]迈克尔·富兰.教育变革的新意义(第四版)[M].武云斐,译.上海:华东师范大学出版社,2010.
17. [美]詹姆斯·G.马奇,[挪]约翰·P.奥尔森.重新发现制度:政治的组织基础[M].张伟,译.北京:生活·读书·新知三联书店,2011.
18. [美]科斯,诺斯,威廉姆森,等.制度、契约与组织——从新制度经济学角度的透视[M].刘刚,冯健,杨其静,胡琴,等译.北京:经济科学出版社,2003.
19. [美]R.科斯,A.阿尔钦,D.诺斯,等.财产权利与制度变迁——产权学派与新制度学派译文集[M].刘守英,译.上海:上海人民出版社,1994.
20. [美]道格拉斯·C·诺斯.经济史中的结构与变迁[M].陈郁,罗华平,等译.上海:上海三联书店,1981.
21. [德]柯武刚,史漫飞.制度经济学:社会秩序与公共政策[M].韩朝华,译.北京:商务印书馆,2000.
22. [美]吉纳·E.霍尔,雪莱·M.霍德.实施变革:模式、原则与困境[M].吴晓玲,译.杭州:浙江教育出版社,2004.

二、论文
1. 叶澜.当代中国教育变革的主体及其相互关系[J].教育研究,2006(8).
2. 石中英,张夏青.30年教育改革的中国经验[J].北京师范大学学报(社会科学版),2008(5).
3. 张荣伟.论中国基础教育改革的四种实践模式[J].河北师范大学学报(教育科学版),2010(12).

4. 廖辉.理解教育改革:一个初步的分析框架[J].教育理论与实践,2014(13).
5. 刘贵华,王小飞,祝新宇.论区域教育综合改革模式[J].教育研究,2009(12).
6. 吴康宁.教育领域综合改革需要怎样的社会支持[J].教育研究与实验,2013(6).
7. 宋兵波.论现代教育改革的社会认识逻辑[J].探索,2001(4).
8. 孟照海.试论深化教育综合改革的实现路径——顶层设计与摸着石头过河相结合[J].中国人民大学教育学刊,2014(6).
9. 王海英.教育领域综合改革成功运行的三大机制[J].湖南师范大学教育科学学报,2015(7).
10. 郝德永.教育综合改革的方法论探析[J].教育研究,2018(11).
11. 王有升.教育改革过程中如何守护教育领域的专业性——一种体制分析的视角[J].南京师大学报(社会科学版),2013(3).
12. 郝寿义.综合配套改革机制研究[J].开放导报,2008(6).
13. 郝寿义,高进田.试析国家综合配套改革试验区[J].开放导报,2006(4).
14. 王家庭,张换兆.国家综合配套改革试验区与以往改革模式的异同点分析[J].中国科技论坛,2008(5).
15. 刘力,林志玲.国家综合配套改革试验区的布局条件与空间推进模式[J].城市,2008(2).
16. 朱德米.当代西方政治科学最新进展——行为主义、理性选择理论和新制度主义[J].江西社会科学,2004(4).
17. 郭小聪.不同学科制度主义方法论特征比较[J].中山大学学报(社会科学版),2004(5).
18. 郭小聪.中国地方政府制度创新的理论:作用与地位[J].政治学研究,2000(1).
19. 黄永炎,陈成才.地方政府制度创新的行为探析[J].探索,2001(4).
20. 周志忍,蒋敏娟.整体政府下的政策协同:理论与发达国家的当代实践[J].国家行政学院学报,2010(6).
21. 周志忍,蒋敏娟.中国政府跨部门协同机制探析——一个叙事与诊断框架[J].公共行政评论,2013(1).
22. 胡象明,唐博勇.整体性治理:公共管理的新范式[J].华中师范大学学报(人文社会科学版),2010(1).
23. 竺乾威.从新公共管理到整体性治理[J].中国行政管理,2008(10).
24. 胡佳.整体性治理:地方公共服务改革的新趋向[J].国家行政学院学报,2009(3).
25. 费月.整体性治理——一种新的治理机制[J].中共浙江省委党校学报,2010(1).
26. 翁士洪.整体性治理模式的兴起——整体性治理在英国政府治理中的理论与实践[J].上海行政学院学报,2010(3).
27. 楼苏萍,地方治理的能力挑战:治理能力的分析框架及其关键要素[J].中国行政管理,2010(9).
28. 黄少安.制度变迁主体角色转换假说及其对中国制度变革的解释——兼评杨瑞龙的"中间扩散型假说"和"三阶段论"[J].经济研究,1999(1).
29. 刘刚:中国制度变迁和演化路径的多样性[J].南开学报,2007(5).
30. 何俊志.新制度主义政治学的流派划分与分析走向[J].国外社会科学,2004(2).
31. 许啸雨.综合配套改革实验区的"先行先试"与地方自主权[J].法制与社会,2013(5).
32. 杨瑞龙.我国制度变迁方式转换的三阶段论——兼论地方政府的制度创新行为[J].经济研究,1998(1).
33. 杨瑞龙,杨其静.阶梯式的渐进制度变迁模型——再论地方政府在我国制度变迁中的作用[J].经济研究,2000(3).
34. 渠敬东,周飞舟,应星.从总体支配到技术治理——基于中国30年改革经验的社会学分析[J].中国社会科学,2009(6).
35. 周雪光,艾云.多重逻辑下的制度变迁——一个分析框架[J].中国社会科学,2010(4).
36. 周望.政策扩散理论与中国"政策试验"研究:启示与调试[J].四川行政学院学报,2012(4).
37. 陈芳.政策扩散、政策转移和政策趋同——基于概念、类型与发生机制的比较[J].厦门大学学报

（哲学社会科学版），2013(6).
38. 刘伟.政策试点：发生机制与内在逻辑——基于我国公共部门绩效管理政策的案例研究[J].中国行政管理，2015(5).
39. [英]杰瑞·斯托克，楼苏萍，郁建兴.地方治理研究：范式、理论与启示[J].浙江大学学报，2007(2).
40. [美]杰海因兹-迪特·迈尔，布莱恩·罗万，郑砚秋.教育中的新制度主义[J].北京大学教育评论，2007(1).

三、报刊文章

1. 刘延东.在贯彻落实全国教育工作会议精神和教育规划纲要部署实施国家教育体制改革试点工作电视电话会议上的讲话[N].中国教育报，2010-9-16(1).
2. 焦新.以十大试点作为改革突破口：国家教育体制改革领导小组办公室负责人就教育体制改革试点有关问题答记者问[N].中国教育报，2010-12-6(1).
3. 谢维和.中国教育改革发展新阶段及其主要特征[N].中国教育报，2014-5-16(6).
4. 谈松华.体制创新：教育改革的关键[N].光明日报，2009-2-11(10).
5. 周雪光.改革成功在于选择分散政治压力的途径[N].社会科学报，2013-8-29(3).
6. 骈茂林.把准需求的"脉"摸准综改的"结"[N].中国教育报，2016-5-31(9).
7. 骈茂林.教育综合改革贵在创新[N].中国教育报，2016-11-15(6).
8. 骈茂林.重视教育改革成果在区域内的推广[N].中国教育报，2017-11-28(6).

四、外文文献

1. K. A. Leithwood, D. J. Montgomery. A Framework for Planned Educational Change: Application to the Assessment of Program Implementation [J]. Educational Evaluation and Policy Analysis, 1982, 4(2):157-167.
2. Peter Hodgkinson. Educational Change: A Model for Its Analysis [J]. British Journal of Sociology of Education, 1991, 12(2):203-222.
3. Edward P. St. John, Genevieve Manset-Williamson, Choong-Geun Chung and Robert S. Michael. Assessing the Rationales for Educational Reforms: An Examination of Policy Claims About Professional Development, Comprehensive Reform, and Direct Instruction [J]. Educational Administration Quarterly, 2005, 41(3):480-519.
4. Juan Cristobal, Garcia-Huidobro, Allison Nannemann, Chris K. Chang-Bacon and Katherine Thompson. Evolution in educational change: A literature review of the historical core of the Journal of Educational Change [J]. Journal of Educational Change, 2017.

附录1:《上海市中长期教育改革和发展规划纲要(2010—2020年)》关于教育综合改革的部署(节选)

......

一、总体战略

......

(三)战略部署

2. 实施教育综合改革,不断增强教育活力。坚持从战略性、宏观性、全局性的高度出发,以部市共建国家教育综合改革试验区为重要载体,深化教育改革,形成充满活力、富有效率、更加开放、有利于科学发展的教育体制机制;紧紧围绕人的终身发展,整体设计各类教育的目标要求,加快教育教学改革,增强改革发展的系统性和衔接性;坚持体制机制改革与法治建设一体化推进,实施教育与经济社会配套改革,重点解决教育发展的瓶颈问题;统筹教育内部与外部、国家与地方的教育资源,吸引国际优质教育资源,优化资源配置,发挥资源利用的最大效益;正确处理好政府、学校、企业、社会、家庭的关系,加快政府职能转变,促进学校依法自主办学,鼓励企业投资人才培养和教育发展,动员全社会力量参与和支持教育发展,发挥家庭在人才培养中的重要作用;发挥浦东综合配套改革先行效应,探索和推进基本公共教育服务均等化、城乡教育一体化和教育国际化发展;推动长江三角洲教育联动发展,增强上海教育的辐射带动作用。

......

四、重点任务

依据上海教育改革发展目标和任务,聚焦关键领域和薄弱环节,从2010年到2012年,启动实施10项教育综合改革重点试验项目和10项重点发展项目。

（一）教育综合改革重点试验项目

聚焦素质教育战略主题，围绕"为了每一个学生的终身发展"的核心理念，以率先转变教育发展模式、率先加强创新人才培养、率先扩大教育开放、率先实现基本公共教育服务均等化为主线，建立上海与中央有关部门合作机制、长江三角洲联动机制、市与区县和高等学校互动机制，在若干关键领域实施教育综合改革试验。

1. 优化基本公共教育服务资源配置试验。

着力强化政府的教育公共服务职能，促进教育公平。建立并完善教育公共财政制度，推进义务教育资源配置标准化，促进中小学特别是义务教育阶段的教师合理流动，推动优质教育资源的扩散和共享，逐步实现基本公共教育服务均等化。

2. 创新人才培养新模式试验。

转变应试教育倾向，创新人才培养模式。建立中小学生"减负"有效机制，深化各级各类学校课程教材和教学模式改革，凸显各学科育人功能，培养学生创新意识、创新思维、创新能力，促进创新人才成长。

3. 改革招生考试制度试验。

改革招生考试制度，推进素质教育，健全现代教育管理体制。建立体现素质教育要求的学生综合评价机制，完善高中学业水平考试制度，形成多样化、可选择的高等教育和职业教育招生考试新制度。

4. 促进高中教育优质特色多样发展试验。

促进高中特色多样化，培养具有个性特长的合格学生。鼓励高中办出特色，在若干高中实施创新人才培养实验项目，建立高中与大学合作培养人才的新机制。加强高中生动手能力和职业技能培养，探索综合高中发展的新机制，促进普职渗透。

5. 建立高等学校分类指导服务体系试验。

引导高等学校准确定位、错位竞争，走创新型、开放型、特色型、服务型发展之路。制定上海高等学校发展定位规划，建立高等学校办学质量分类评估标准，对不同类型高等学校实施分类管理、服务、支持政策。

6. 建设终身教育体系和学习型社会试验。

率先建立人人学习、终身学习的终身教育体系和学习型社会。促进全日制与非全日制教育的衔接融合，建立"学分银行"，实施学分互认；健全管理协调体制，完善全社会支持和参与发展终身教育、建设学习型社会的新机制。

7. 促进民办教育规范特色发展试验。

整体规划民办教育事业发展，改善民办教育发展的政策环境。建立营利性和非营利性民办教育机构分类管理制度，完善公共资源支持民办学校发展的机制，支持若干示范性民办高等学校建设，实施民办学校教师、管理者培训资助计划，健全监管体系，规范办学秩序，促进民办学校规范和特色办学。

8. 扩大教育对外开放试验。

把上海建成国际教育交流中心城市，提升上海教育综合实力和国际竞争力。进一步拓展学生的国际视野，建立教育国际交流合作新机制，探索引进国外优质高等教育资源新模式，创新吸引和服务留学生的各项政策，建立中外合作办学质量保障机制，完善鼓励上海教育走向国际的政策。

9. 完善非本市户籍常住人口教育保障机制试验。

适应非本市户籍常住人口增长趋势，保障各类群体学有所教。非本市户籍常住人口子女在义务教育阶段以公办学校接纳为主，全面实行免费教育。探索建立与居住证制度相适应、体现各级各类教育特点、公办和民办学校共同参与的非本市户籍常住人口非义务教育阶段的就学制度。

10. 探索区域教育协作新机制试验。

充分发挥上海对外开放的优势，探索区域教育合作的新形式、新模式、新途径。推动长江三角洲共同建立都市圈教育联动发展新机制，完善上海教育服务长江流域、服务支援中西部地区、服务全国的可持续机制，促进上海与港澳台地区的教育交流和合作。

……

附录 2：上海市承担的 27 项国家教育体制改革试点项目

编号	试点项目	试点地区/单位
1	完善政府学前教育公共服务职能	上海全市（闵行区先行试点）
2	均衡配置义务教育资源	上海全市
3	探索非本市户籍常住人口随迁子女非义务教育阶段教育保障制度	上海全市
4	完善义务教育均衡发展督导、考核和评估机制	上海全市
5	创新区域教育内涵发展机制	上海全市
6	改革义务教育教学质量综合评价办法	上海全市
7	探索建立现代职业教育体系	上海全市
8	开展地方政府促进高等职业教育发展综合改革试点	上海全市
9	创新政府、行业、企业、高职院校办学体制机制	市教委、上海国盛（集团）有限公司、上海市嘉定区人民政府、上海工艺美术职业学院
10	推进高等学校分类指导、分类管理改革	上海全市
11	开展研究生专业学位教育改革试验	上海交通大学等 10 所高校
12	开展临床医学硕士专业学位与住院医师规范化培训结合改革试验	上海市在沪部分大学附属医院
13	扩大并完善免费师范生教育	上海师范大学
14	探索中小学校长职级制度改革	上海全市
15	开展教师资格制度改革试验	上海全市
16	创新中外合作办学机制，引进世界一流大学	华东师范大学、浦东新区

续表

编号	试点项目	试点地区/单位
17	建立上海中外合作办学质量保障机制	上海全市
18	开展数字化课程环境建设和学习方式变革试验	上海市虹口区
19	建设现代开放大学	上海全市
20	促进高中教育优质特色多样发展试验	上海全市(部分中学和长宁区先行先试)
21	探索建立拔尖创新人才培养基地	上海中学、华师大二附中、复旦附中、交大附中
22	推进医教结合、提高特殊教育水平	上海全市
23	省级政府教育统筹综合改革	上海全市
24	创新教育公共治理结构,完善教育公共服务体系	上海全市(浦东新区先行先试)
25	整体规划大中小学德育课程	上海全市
26	探索营利性和非营利性民办学校分类管理办法	浦东新区
27	完善民办学校财务、会计和资产管理制度,建立公共财政资助体系	上海全市

附录3：上海市教育综合改革领导小组办公室《关于深化教育体制机制改革推进教育综合改革的实施意见》

各区人民政府、各高等学校：

为贯彻落实党的十九大精神，根据中共中央办公厅、国务院办公厅《关于深化教育体制机制改革的意见》的精神，结合上海市教育综合改革方案工作要求，进一步深化教育体制机制改革，不断推进教育综合改革。现提出如下实施意见。

一、总体要求

（一）指导思想。深入贯彻党的十九大精神，以习近平新时代中国特色社会主义思想为指导，认真落实党中央、国务院和市委、市政府决策部署，全面贯彻党的教育方针，全面深化教育综合改革，全面实施素质教育，全面落实立德树人根本任务，坚持教育为人民服务，为中国共产党治国理政服务，为巩固和发展中国特色社会主义制度服务，为改革开放和社会主义现代化建设服务，系统推进育人方式、办学模式、管理体制、保障机制改革，使各级各类教育更加符合教育规律、更加符合人才成长规律、更能促进人的全面发展，着力推进教育治理体系和治理能力现代化，努力满足经济社会发展和人民群众对多样化高质量教育的需求，着力培养德智体美全面发展的社会主义建设者和接班人，为实现"两个一百年"奋斗目标、实现中华民族伟大复兴的中国梦奠定坚实基础。

（二）基本原则

一是坚持服务国家战略与立足上海实际相统一。按照世界一流、中国特色、上海特点、示范引领的要求，以制度创新为核心任务，以可复制、可推广为基本要求，探索体制机制创新，破解改革难题，服务国家和区域发展。

二是坚持目标导向与问题导向相结合。坚持以人民为中心，着眼促进教育公平、提高教育质量,针对人民群众反应强烈的突出问题,集中攻坚、综合改革、重点突破,扩大改革受益面,增强人民群众获得感。

三是坚持放管服相结合。深化简政放权、放管结合、优化服务改革,把该放的权力坚决放下去,把该管的事项切实管住管好,加强事中、事后监管,构建政府、学校、社会之间的新型关系。

(三)基本目标。到2020年,形成充满活力、富有效率、更加开放、有利于科学发展的教育体制机制,率先实现教育现代化,一些深层次的体制、机制问题进一步破解,一些人民群众关心的热点难点问题进一步缓解,政府依法宏观管理、学校依法自主办学、社会有序参与、各方合力推进的格局更加完善,形成系统完备、开放有序、高效公平的现代教育治理体系,为发展具有上海特点、中国特色、世界水平的现代教育提供制度支撑。

二、重点任务

根据十八届三中全会提出的"深化教育领域综合改革"工作部署,本市全面深化教育综合改革,把转变政府职能、优化政府教育治理机制作为前提基础,把提升学生身心素养、强化德智体美诸育融合作为核心,以深化考试招生制度改革、鼓励社会力量办学、教育国际化和信息化为支撑,促进各级教育全面贯彻党的教育方针、着力促进公平而有质量的发展,在育人方式、办学模式、管理体制、保障机制等领域探索出一系列重要改革经验,取得了一批具有复制推广意义和示范引领价值的制度性改革成果。

为深入巩固深化改革经验,进一步聚焦2020年本市率先实现教育现代化的目标和新时代教育改革推进中的重点难点热点问题,着力以体制机制改革为动力强优势、补短板,为顺利完成教育综合改革各项任务、加快实现教育现代化、办好人民满意的教育提供有力支撑。

(一)聚焦学生对教育教学的美好期待深化体制机制改革

1. 构建完善大中小幼一体化德育体系。以培养担当民族复兴大任的时代新人为着眼点,推动习近平新时代中国特色社会主义思想进教材、进课堂、进头脑,探索中小学"道德与法治"课程教材改革和高校"形势与政策"课程规范化建设,推进思政(德育)课程创新计划。健全全员育人、全过程育人、全方位育人的体制机制,围绕政治认同、国家意识、文化自信、公民人格等内容,深入开展学科德育和课程思政探索。健全中小学生社会实践长效机制,探索建立大学生社会实践学分制,合力构建组织规范化、内容序列化、形式多样化、运行科学化、资源社会化的全方位的校内外育人共同体。

2. 深化学校美育和体育改革。完善"弘扬中华优秀传统文化社会实践平台与学生艺术实践活动对接""课堂教学、课外活动和校园文化三位一体的美育发展推进机制""学生艺术素养评价机制",建设"互联网＋"美育网络资源共享平台,基本形成具有中国特色、上海特点的现代化学校美育体系。深化学校体育改革,全面推进小学兴趣化、初中多样化、高中专项化、大学个性化学校体育课程改革,加强中小学课余训练体系建设,建立完善学生体育素养指标体系建设,指导发布青少年运动等级技能标准,开展学生运动技能评价。

3. 系统完善考试招生制度改革。不断完善制度设计的科学性,持续优化"幼升小""小升初"、中考、高考、研究生入学考试等不同学段招生录取制度。

4. 切实解决中小学生过重课外负担。持续深入规范校外教育培训机构,严格实施《上海市民办培训机构设置标准》《上海市非营利性民办培训机构管理办法》《上海市营利性民办培训机构管理办法》,构建培训市场规范管理长效制度机制。遵循教育规律和学生身心发展规律,突出质量与安全,构建市场准入、分类管理、综合监管、规范运行的教育培训市场格局,突出重点、引领规范,促进教育培训机构教育理念及教师素质、教学质量进一步优化,满足群众多样化的教育需求。

5. 持续提升高校教育教学质量。坚持以一流人才培养、一流学科建设作为实现高等教育内涵式发展的重要基石。深化实施市属高校教师教学激励计划,启动实施一流本科教学试点计划,通过系统联动学校办学模式、管理制度、育人方式、科研体制、人事薪酬制度等配套改革,积累一流本科人才培养的制度经验和实践成果,形成标志性、引领性的本科人才培养改革措施和路径,巩固本科教学在高校的核心地位。

6. 增强信息化服务一线教学的能力。加快建设虚拟实训环境和在线课程,运用信息技术推进教学和管理模式变革,实现教育信息化对高素质人才培养和教育综合改革的支撑作用。开展职教创新实验实训中心建设,开发多媒体实训资源。制订数字教材推广实施方案,扩大数字教材试点范围;发布基础教育信息化实验校建设方案,启动基

附录3:上海市教育综合改革领导小组办公室《关于深化教育体制机制改革推进教育综合改革的实施意见》

础教育信息化实验校建设。

（二）聚焦家长对高质量多元教育资源的美好期待深化体制机制改革

7. 促进和加强3岁以下幼儿托育服务工作。制定出台相关文件及配套保障措施，通过制定管理办法、设置相关标准、促进学术研究、鼓励专业队伍培养等手段，完善托育工作管理体系，并对托育服务市场进行引导和规范，促进托育事业的健康、科学、合理发展，提供对特殊家庭和困难家庭的托育服务。

8. 扩大学前教育优质资源供给。制订出台《上海市学前教育三年行动计划（2018—2020年）》（第四轮），新建和改扩建若干所幼儿园，提升幼儿保教质量。加强对保教工作的专业指导，提高幼儿园教师保教能力。加强幼儿园质量监管，完善幼儿园动态监管机制。贯彻《上海市特殊教育三年行动计划（2018—2020年）》，探索形成个性化、专业化特殊教育服务体系。

9. 提升义务教育优质均衡发展水平。深化推动城乡教育一体化建设，持续推行两年一轮的郊区农村学校委托管理，深入开展校长、骨干教师结对帮扶长效及柔性流动机制，坚决推行义务教育阶段教师薪酬收入全市一条线。深化推进学区化集团化办学，出台学区化集团化办学三年行动计划（2018—2020年）（第二轮）、推进紧密型学区和集团化建设指导意见，制订出台加强初中建设实施意见，发布初中学校建设行动计划，遴选确定一批相对薄弱初中开展重点建设，通过优质学校结对托管、加大投入和政策支持等方式，补齐短板，促进均衡，努力办好每一所老百姓"家门口好学校"。

10. 加强义务教育公共服务托底保障工作。继续推行公办小学为家庭看护困难的学生提供放学后看护服务，提供更加丰富多样的放学后看护服务，鼓励教师为家庭和学习确有困难的学生补差补缺。

11. 提升普通高中内涵建设水平。继续推动特色高中建设工作，满足老百姓对高中教育的多样化需求，发挥各级示范性高中在内涵建设、教师培养、集团办学等方面的辐射示范作用。

（三）聚焦经济社会发展对智力服务水平和人才培养质量的美好期待深化体制机制改革

12. 加强产教融合提升应用型人才培养能力。完善中高职贯通、中本贯通培养机制,制订实施《上海市中高职教育贯通人才培养方案设计的指导意见》,强化中高职贯通、中本贯通人才培养方案一体化设计,优化专业设置,形成优势专业群,完善高素质技术技能人才培养模式。深化职业教育产教融合、校企合作改革。推动修订《上海市职业教育条例》,健全行业企业参与办学的体制机制和支持政策。以专业转型建设推动部分地方高校向应用型大学转变。

13. 加快建设一流大学一流学科。全面实施《上海市统筹推进一流大学和一流学科建设实施意见》,分类支持全市高校"双一流"建设,贯彻落实国家"双一流"建设总体部署。全面启动本市高峰高原学科第二阶段建设任务,持续重点投入,对接国家战略布局和上海发展急需,持续支持学科聚焦重点方向,产生有影响力的成果,形成特色鲜明的高峰高原学科。

14. 提升高校服务支撑重大战略需求能力。引导在沪部属高校优化科研布局,发挥学科专业优势,聚焦服务具有全球影响力的科技创新中心和中国(上海)自由贸易试验区建设,推进落实与市属高校协同合作协议,带动市属高校改革发展。支持和推动复旦大学张江校区、上海交通大学张江科创园区等服务国家和上海重大战略的项目建设。争取教育部支持,部市共同成立张江综合性国家科学中心研究生联合培养基地,在招生、培养、评价和学位授予各环节支持建立系统配套的研究生教育体制机制改革,部市深化与完善复旦大学上海医学院和上海交通大学医学院共建托管模式与机制,支持两个医学院加快建成世界一流医学院。部市共同开展高校与转制科研院所联合培养研究生并授予学位试点,率先探索科研院所转制后的学位授权。

15. 加快完善衔接融通的终身教育体系。完善终身教育立法,在终身教育体系中明确社区教育、老年教育等社会基本公共服务属性,保障终身教育改善民生、促进公平、优化社会治理等基本公共服务供给。深化终身教育领域的制度建设,加快完善开放融通的终身教育体系,全面推进上海终身教育资历框架构建、学习型城区与学习型组织评估、终身教育工作者专业发展、市民终身学习需求与能力监测等制度建设。加大信息支撑终身教育发展的力度,提供高质量的终身学习专业服务。发挥终身教育在提升卓越的全球城市中的作用,大力推进从业人员创新能力提升与各类人力资源开发。鼓励和支持社会组织与市场力量参与终身教育发展,加快学习型城市建设。

附录3:上海市教育综合改革领导小组办公室《关于深化教育体制机制改革推进教育综合改革的实施意见》

（四）聚焦学校对优化政府教育治理的美好期待深化体制机制改革

16. 深化推进高校"放管服"改革。做好《上海市高等教育促进条例》释义编制和贯彻宣传工作，进一步加大对高校"放权松绑"力度，动态调整扩大和落实高校办学自主权有关政策清单。

17. 深化高校分类管理。制订出台《上海高校分类管理指导意见》和《上海高校分类评价指标体系》，把分类评价的理念与思路融入人才培养、学科建设、财务管理、人事薪酬、评估评价等环节。实施高校分类管理督导评价，把评价结果作为上海高等教育经费投入、基建规划、招生计划、人事管理、学科评审、国际交流等教育资源分配和管理等的重要依据。

18. 加强中小学校科学治理。研究制定《上海市中小学校工作办法》，以此明确政府、学校、社会的责权利，激发办学活力，促使每一所家门口学校都有特色、有亮点。

19. 健全支持和规范民办教育发展的制度。推进上海民办教育地方立法工作和配套文件的制定，构建民办教育政策制度体系。推进落实非营利性与营利性民办学校分类管理制度，指导推进现有民办学校完成法人属性选择。支持与规范民办学校办学。和教育部共建"民办教育协同发展服务中心"，推进民办教育长期协同工作机制。探索民办学校融资新机制，开展民办教育人才建设项目，探索民办教育政府购买服务机制，健全完善民办教师年金制度，推进民办教育第三方独立评估机制，完善民办学校财务管理制度，完成民办教育管理系统2.0版建设。初步建立适应上海城市发展定位要求，满足人民群众多样化、多层次教育需求的民办教育体系。

（五）聚焦教师对队伍建设管理服务的美好期待深化体制机制改革

20. 深入教师管理体制机制改革。贯彻《关于全面深化新时代教师队伍建设改革的意见》，出台本市贯彻落实文件，全面加强师德师风建设，把社会主义核心价值观贯穿教书育人全过程，全面提升教师育德意识和育德能力，形成优秀人才争相从教、教师人人尽展其才、好老师不断涌现的制度环境。改进市属高校编制及岗位管理制度，完善市属高校岗位设置和结构比例，完善高校及中小学绩效工资总量核定及分配方式。建立中青年教师团队成长发展机制，完善特级教师管理机制，优化基础教育高端教师资源配置。健全职教教师培养培训制度体系，完善职业教育和校外教育教师薪酬体系。

21. 打造高素质基础教育教师队伍。持续实施基础教育领军人才培养计划，加大骨干教师培养力度。统筹城乡师资配置标准，均衡配置优质教师。加大特级校长、特级教师向薄弱学校流动力度，拓展优质教师共享面；结合学区化、集团化等办学实践，建立"骨干教师流动蓄水池"。深化实施乡村教师支持与激励计划，吸引优秀人才赴乡村学校长期扎根任教。

22. 推进高校教师队伍建设改革。制订出台本市加快高校高层次人才队伍建设文件，加大高校高层次人才引育力度。推进教育人才高峰高原建设，启动实施国际青年学者和青年英才揽蓄计划，加大青年英才队伍建设。加强海外引进人才的国情教育，完善人才服务保障，在住房保障、医疗服务、子女就读、日常服务等方面，为高层次人才提供便捷优质的服务。深入推进地方高水平高校创新团队建设，以聚焦团队建设和收入分配机制改革，推动提升高水平师资队伍建设和学校综合水平。完善涵盖教师选聘、职初培养、专业发展、职业提升等全过程的培养体系，为高层次人才培养夯实基础。推进人才评价制度改革，营造优秀人才脱颖而出的环境。

四、保障措施

（一）完善组织领导体制。健全党委统一领导、党政齐抓共管、部门各负其责的教育领导体制，全面加强党对教育工作的领导，坚持党管方向、党管改革，充分发挥党委总揽全局、协调各方的领导核心作用，确保党的路线方针政策在各级各类学校得到贯彻落实。政府要切实履行职责，抓好改革任务的推进和落实。

（二）完善工作推进机制。深化部市战略合作会商机制，共同破解教育改革重点难点，探索积累可复制、可推广的经验。充分发挥市教育综合改革领导小组统筹谋划推进机制，决策破解教育综合改革重点难点问题，形成跨部门合力。完善任务分层推进落实机制，分步骤、分类别加快推进。对于成熟项目，通过立法、立规或行政规范性文件等形式固化教育综合改革成果。完善教育综合改革专家咨询机制，为破解教育难题提供科学决策依据。

（三）完善监督检查机制。充分发挥"一省一市"和"一市两校"高考综合改革试点和教育综合改革试点作用，坚持先行先试，坚持大胆探索，继续当好全国改革开放排头兵、创新发展先行者。建立健全改革推进全覆盖的监督检查长效机制,及时跟踪督促教育改革精准落地,进一步做好改革试点经验和改革创新做法的总结评估、复制推广和工作交流。对于已经完成的改革任务,要加强对落实情况的督促检查。根据工作变化,不断完善任务清单,使改革工作与时俱进。根据评估情况进一步改进和完善改革政策,不断提高改革质量,使改革不断见到实效。健全改革推广辐射机制,在教育部等中央有关部委的支持下,加强与兄弟省区市的合作交流和深入研究,联合开展综合改革成果服务辐射工作,最大限度地释放改革效应,让更多试点成果上升为制度成果。

各区、各高校要根据本实施意见要求,结合工作实际,认真抓好贯彻落实。

上海市教育综合改革领导小组办公室

2018 年 6 月 7 日

后 记

本书源起于我多年前承担的一项全国教育科学规划课题——"省级政府统筹推进教育综合改革的机制研究"。课题研究过程中,通过与试验区改革实践者的对话与持续互动,在验证了最初一些理论构想的同时,也获得了一些理论研究意料之外的"发现"。这些发现的不断累积,促使我产生了把教育综合改革实践中的一些事实记录下来的想法。最后便形成了现在的这本书。

成稿之际,首先要感谢这项研究的"主角"——所有受访者和项目信息的提供者。他们分别来自市教育行政部门、部分区教育行政部门、有关试点学校、社会组织、科研机构。尽管在改革中角色不同、责任不同,但参与本研究的目标是一致的:教育综合改革如何组织实施,才能更好地实现其预期目标。正如投身改革的热情促成了项目有序推进,他们的参与成就了本课题的顺利推进。可以说,书中的许多观点是他们与我建构的结果。在此向他们致以真挚的谢意!基于课题研究的伦理要求和我们最初的"约定",书中所有访谈对象和参与者都作了匿名处理。当然,由于信息处理偏差和分析判断误差导致的错误,所有责任均应由我承担。

即将召开的党的二十届三中全会,将对我国进一步全面深化改革、推进中国式现代化作出部署。"教育综合改革"影响了《教育规划纲要》颁布以来我国教育发展的方向和进程,下一阶段它仍将被继续赋予更重要的使命。本书仅仅呈现了一个国家教育综合试验区运行的主要机制和部分项目的实践过程,具有多大程度的应用价值还有待检验。本书还希望向改革决策者和研究同行传递一个想法:一线的教育改革实践者是教育综合改革最需要被倾听的一个群体,他们关于改革的真实感受和想法将影响着改革目标能在多大程度上实现。

本书得以付梓出版，要感谢我院设立的"上海市教育科学研究院智库丛书"项目。项目的支持，鞭策我把多年前完成的书稿拿出来修改完善。可以说，没有这个项目，这本书可能会永远藏在我的书柜中。

感谢华东师范大学出版社教育心理分社彭呈军社长为本书出版付出的心血，是他的鼓励使我坚定了让书稿保持原有表述风格的信心。

骈茂林

2024 年 5 月